Buddha Bowls

CALLWEY

Buddha Bowls

EINE SCHÜSSEL VOLL GLÜCK

Annelina Waller | Fotos: Anastasia Franik

CALLWEY

Die Bowl – eine Lovestory 6

Bowls auf der Überholspur, S.10 | Das Einmaleins der Nährstoffe, S.14 | Die goldenen Hauptzutaten, S.18 | 4 plus 2 – Die Buddha Bowl-Regeln, S.22 | Küchencheck, S.24 | Küchentools, S.26 | Das schnelle Kochen, S.28 | Wo bekomme ich was?, S.29

Basis Rezepte 30

Zubereitung Körner, S.32 | Zubereitung Hülsenfrüchte, S.34 | Ölfreies Amaranth-Granola, S.36 | Ölfreies Ofen-Geröstetes, S.38

Dressingrezepte 40

Fettarme Mayonnaise, S.42 | Fettarmes Caesar-Dressing, S.44 | Hummus, S.46 | Hummus-Variationen, S.48 | Kokosmus-Dressing, S.50 | Erdnuss-Zitronen-Dressing, S.52 | Zucchini-Ranch-Dressing, S.54

Build a Bowl — Frühstücksbowls 58

Kokos Delight, S.60 | Power Bowl mit Chia-Samen, S.62 | Zoats Bowl mit Zucchini, S.64 | Golden Colada mit Kurkuma, S.66 | Chlorophyll Bowl mit Mangold und Spinat, S.68 | Chia-Pudding mit Beeren und Kokosnuss, S.70 | Chai Bowl mit Buchweizen, S.72 | Ocean Bowl mit Spirulina-Alge, S.74 | Exotische Acai Bowl, S.76 | Wohlfühl-Bowl mit Sanddorn, S.78

Build a Bowl — Mittagsbowls 80

Steckrüben-Bowl mit Rosenkohl, S.82 | Asia Edamame Bowl, S.84 | Falafel Bliss Bowl, S.86 | Amaranth Tabouleh Bowl, S.88 | California Bowl mit Kochbanane, S.90 | Glow Bowl mit Avocado, S.92 | Happy Bowl mit Maracuja, S.94 | Obstige Sommer-Bowl, S.96 | Quinoa Bowl mit Roter Bete, S.98 | Spicy Veggie-Wings Bowl mit Blumenkohl, S.100 | Veggie Burrito Bowl mit Mu-Err-Pilzen, S.102 | New Root Bowl mit Kichererbsen, S.104 | Glasnudelsalat mit Erdnüssen, S.106 | Regenbogen Bliss Bowl mit Bunter Bete, S.108

Build a Bowl — Abendbowls 110

Mexican Bowl mit schwarzem Reis, S.112 | Sushi Bowl, S.114 | Makro-Mikro-Bowl mit Hokkaido, S.116 | BBQ Bowl mit Kokoschips, S.118 | Adzuki-Bowl mit Kichererbsen, S.120 | Indian Bowl, S.122 | Ur-Bowl mit Maronen, S.124 | Murasaki Bowl mit Süßkartoffeln, S.126 | Cremige Kichererbsen-Bowl, S.128 | Quinoa-Fenchel-Bowl, S.130 | Hasselback Bowl, S.132 | Fitness Bowl mit Mungobohnen, S.134 | Veg-Poke Bowl mit Mango, S.136 | Hirse-Bowl mit Veggie-Wings, S.138

Build a Bowl — Dessertbowls 140

Schokopudding mit Süßkartoffel, S.142 | Pink Thai Pudding mit Kokos, S.144 | Spicy Quinoa Bowl, S.146 | Snicker Nicecream mit Bananen, S.148 | Maronencreme, S.150 | Sweet Hirse-Bowl mit Tofu, S.152 | Kurkuma-Latte-Polenta, S.154

Zutatenregister 156

Impressum 160

„Spontan, offen sein & Ja sagen!"

Meine Bowl-Geschichte begann vor 26 Jahren, damals, als ich gerade lernte, einen Löffel zu halten und ihn in meinen Brei zu tauchen. Dann wurde ich langsam größer und meine Bowl-Liebe wuchs mit mir. Der Brei wurde vom Karottenbrei zum Grießbrei zum Kartoffelbrei zum Kurkuma-Polenta-Brei. Auch meine Bowl war immer mit dabei. Sie wurde von der warm haltenden Baby-Bowl zur Porzellan-Bowl zur Holz-Bowl zur Buddha-Bowl.

2013 schrieb ich dann meine Bachelor-Arbeit über Mood Food und 2016 meine Masterarbeit über Ernährungstrends. Dabei entstanden die Schüsseln voll Glück. Diesem Glück wollte ich weiter auf die Spur gehen und machte mich auf die Suche nach den Ursprüngen des Bowl-Trends in Kalifornien. Wenn Foodies auf Reisen gehen, nach Amerika, dann ist Kalifornien das Ziel Nummer eins, um zu finden, was man sucht.

Sonnenschein, lange helle Strände, hohe Berge und eine bunt gemischte Küche: Das alles macht Kalifornien zum Land der Träume und steht für den amerikanischen Way of Life. Durch die vielen Einwanderer entwickelte sich eine Vielfalt an unterschiedlichen kulinarischen Traditionen, Küchen und ein reger Austausch. In Sekundenschnelle hatte ich das unheimlich gute Gefühl, das gefunden zu haben, was ich suchte: The Bowl of Life. Jeder sollte von ihr erfahren. Nur wie? Da kam Callwey und hatte die Lösung. Ein Buch über Buddha Bowls. Damit war mein Glück vollkommen.

Wenn ich zurückblicke, war die Reise nach Kalifornien eine meiner klügsten und sch(l)üsselreichsten Entscheidungen. Wobei es eigentlich keine Entscheidung, sondern ein Impuls war. Genau das war der Schlüssel meines Kalifornien-Glücks. Ich sah einen günstigen Flug, buchte ihn, packte meinen Backpack und saß auch schon im Flieger. Keine Zeit, um Unterkünfte zu buchen, ein Auto zu organisieren oder jegliche andere Planung anzudenken. Die „keine Vorbereitung" war perfekt für mich. Denn spontan und offen für alles, erlebte ich meine größten Abenteuer. Ich traf und wohnte bei wundervollen Menschen. Wir erkundeten die Landschaften, kochten zusammen, gingen essen und entdeckten die kalifornische Fusion-Küche. Neben der deutschen Bäckerei fand ich indische Gewürze, mexikanische Delikatessen und asiatische Einflüsse. Alles vereint ergibt die optimale Fusion-Küche, das Merkmal der kalifornischen Küche und der Buddha Bowls. Die Farmer Markets mit ihrem lokal produzierten Obst und Gemüse sowie die Farm-to-Table-Bewegung sorgen für gigantische Frische und Geschmackserlebnisse, die mein Herz regelmäßig höher schlagen ließen.

Altbekannte Rezepte erfahren pflanzenbasierte Verjüngungskuren, traditionelle Gerichte Rohkost-Transformationen und frittierte Gerichte schonende Kilopurzel. Die Bowls vereinen all das, was ich an Kalifornien so liebe.

Pure Californication!

Das ist der alte Begriff und der neue Food-Trend 2017! Die österreichische Ernährungswissenschaftlerin und Trendforscherin Hanni Rützler beschreibt Kalifornien als eine jener „Essential Food Destinations", die unsere kulinarische Zukunft prägen. Neben Spitzenköchen tummeln sich dort entscheidende Meinungsträger, die die gute und gesunde kulinarische Laune versprühen. Und was viele nicht wissen: im Herzen Kaliforniens, dem Central Valley, liegt der größte Garten der Welt. Ein über 600 Kilometer langes und 80 Kilometer breites Tal mit fruchtbarstem Boden. Dort wachsen all die guten Bowl-Grundzutaten, Früchte, Nüsse, Gemüse, und versorgen das ganze Land plus mehr. Brutal lokal!

Sonne, Meer, lange Strände, gute Laune, frisches Obst und Gemüse – Kalifornien vereint alles, was ich so liebe. Ein Löffel aus der Buddha Bowl bringt mir all das Lebensgefühl auf die Zunge – Fernweh pur!

Während meiner Zeit in Kalifornien aß ich mich durch sämtliche Bowls und ließ mich von ihnen inspirieren. Allesamt waren sie superlecker, hatten aber ein Manko: Die Zubereitung war meist zu aufwendig. Mit den schnellen Bowls für morgens und mittags liefere ich in diesem Buch einen Gegenentwurf. Sind wir geübt und halten uns an die Buddha Bowl-Regeln plus Zeitspartipps (Seite 22), bereiten wir eine Bowl in 10 Minuten zu. Wollen wir uns etwas mehr Zeit nehmen, können wir uns an den Abend-Bowls probieren. Nach ein paar Versuchen sind wir dann sowieso alle Bowl-Meister und schaffen den Buddha-Bowl-Marathon selbst im Energiesparmodus.

DIE BOWL – EINE LOVESTORY

HOTSPOT
California

The ESSENTIAL FOOD DESTINATION

Bowls auf der Überholspur

Die Smoothie Bowls waren der Beginn meines persönlichen Bowl-Food-Ergebnisses. Der Trend, der für eine ganz spezielle Ernährungsweise steht und dabei auch die Esskultur beeinflusst – mit einem praktischen Nebeneffekt: Das Essen wird in Bowls zubereitet, so spart man sich die Töpfe. Auf die Smoothie Bowls folgten die makrobiotischen Macro Bowls, energiereichen Power Bowls, bunten Rainbow Bowls und ein paar weitere Bowl-Typen, die im Buch auftauchen. Mit den Buddha Bowls geht der Bowl-Trend auf dem Königsweg in die nächste Runde. In Kalifornien blüht er schon mächtig und findet nun in Windeseile auch zu uns.

Das Highlight – die Buddha Bowl

Buddha Bowls sind bunte Schalen des Glücks. Sie sind einfach zuzubereiten, nahrhaft und wunderhübsch anzuschauen. Sie bestehen aus Comfy Food, wie man in Kalifornien sagen würde, für Bauch und Seele. Doch woher der Name? Bowl ist klar: Wir essen alles aus einer Schale. Am besten Frühstück, Mittag- und Abendessen. Wir stellen also nicht mehr verschiedene Töpfe auf den Tisch, sondern eine einzige Schale, in der alle Topfzutaten vereint sind. Und der Buddha sorgt dafür, dass unsere Bowl prall gefüllt ist, mit leckeren Zutaten, die sich wie der Bauch eines Buddhas aus der Schale wölben. Isst man die Bowl, ist man zufrieden wie ein Buddha und grinst innerlich.

Das klingt toll, ist aber nur die halbe Wahrheit. Tatsächlich steckt noch mehr dahinter. Die Buddha Bowls finden ihren Ursprung im Zen-Buddhismus und dem Ōryōki, der zugehörigen meditativen, ritualisierenden Form des Essens. Die Zen-Kultur basiert auf einer jahrhundertelangen pflanzenbasierten Ernährungstradition. Dabei stehen Dankbarkeit, bewusstes Essen und präzise Abläufe im Mittelpunkt. Damit erreichen die Buddhas ein überbuddhistisch hohes Alter. Zu der Esskultur gehört ein Satz an Schüsseln, das Ōryōki-Set. Die Buddha Bowl ist Teil davon und stellt die größte der Schalen dar. Auch wenn wir beim Buddha Bowl schlemmen, keinen präzisen Abläufen und Ritualen folgen, bleibt das bewusste und dankbare Essen doch ein wichtiger Bestandteil des amerikanischen Trends.

Bowling – mehr als ein Trend

Für mich ist die Buddha Bowl kein schneller Trend wie „in 30 Tagen zum Wunschgewicht" oder eine andere schnelle Diät. Sie ist vielmehr, (m)ein Lebensstil, mein Schlüssel zum ausgewogenen Gemüt, zur guten Laune und zur Zufriedenheit.

Denn wer sich mit Bowl Food ernährt, hat klare Vorteile. Er ist

100 Prozent gesund und munter
Durch die Kombinationen und Nährstoffanteile sind die Bowls Balsam für unseren Körper. Die Vitamine, Spurenelemente und Mineralien stärken unser Immunsystem, sorgen für den Energie-Kick und lassen uns auch beim Mittagstief nicht im Stich.

im absoluten Bliss-Moment
Durch die in den Bowls steckende Mood-Food-Wissenschaft ist gute Laune garantiert.

früher oder später im Optimalgewicht
Durch den hohen Volumenanteil von Obst und Gemüse setzt unser Sättigungsgefühl schneller ein.

im Reinen mit seiner Verdauung
Durch die vielen Ballaststoffe ist unsere Verdauung ausbalanciert und die Darmflora optimal unterstützt.

gut zu unserem Planeten
Durch die nicht prozessierten und pflanzlichen Zutaten sind die Bowls in ihrem ökologischen Fußabdruck niedrig. Zudem können wir Zutaten aus der jeweiligen Jahreszeit und Region wählen.

Die optimale Ernährung als Grundidee

Buddha Bowl-Rezepte vereinen Ernährungsprinzipien der chinesischen und japanischen Medizin, mit rohem, geröstetem oder gedämpftem Gemüse, komplexen Kohlenhydraten und unverarbeiteten Fetten. Ihre Zusammenstellung ist optimal, um Giftstoffe im Körper zu reduzieren und das Risiko chronischer Krankheiten zu verringern.

Der Kreativität bei Buddha Bowls sind keine Grenzen gesetzt. Es kann alles rein, was gesund und leicht verdaubar ist.

Welche Buddha Bowl passt für mich?

Das Geheimnis der Bowls liegt in der Zusammensetzung aus etwa:

10–15 %	Proteinen
35–40 %	vollwertigen Körnern/Getreide
10 %	unverarbeiteten Fetten
40 %	Vitaminen

Die Anteile können je nach Ernährungsvorlieben variiert werden.

Bei Kraftsportarten bedankt sich unserer Körper bei uns, wenn wir den Kohlenhydratanteil auf mindestens 50 Prozent hochfahren. Treiben wir Ausdauersport, sollten es noch mehr Kohlenhydrate sein. Proteine werden bis heute stark überbewertet und ihre Aufnahme sollen bei Sportlern etwa bis zu 15 Prozent der gesamten Nahrung ausmachen.

Je pflanzlicher und frischer, desto besser!

Buddha Bowls basieren auf der pflanzlichen Ernährung. Auf tierische Lebensmittel wird bewusst verzichtet, da diese die Aufnahme der Vitamine und die Verdauung beinträchtigen. Zudem sind sie fast immer fett- und kalorienreicher als pflanzliche und belasten spürbar unsere Verdauung. Das Essen liegt dann schwer im Magen und macht uns schläfrig.

Eine pflanzliche Ernährungsweise mit großem Rohkostanteil ist für unseren Körper wie eine leichte Brise am Meer an einem warmen Sommertag. Frische Zutaten wie Obst und Gemüse enthalten viel Wasser, füllen unseren Bauch und lassen wenig Platz für Kalorien. Durch die voluminösen Grundzutaten wird unsere Bowl schnell zur Buddha Bowl.

Der Schlankheitsbonus als positiver Nebeneffekt

Die pflanzliche Ernährung ist voluminös, gut sättigend und liefert uns gleichzeitig eine vergleichsweise geringe Kaloriendichte, sprich wenige Kalorien pro Gramm. Seitdem ich mich pflanzlich ernähre, esse ich im Vergleich zu früher mindestens die doppelte Menge und halte mein Gewicht vorzüglich.

Wie bekomme ich meine Proteine?

Die pflanzenbasierte Ernährung ist stets mit der Sorge des Proteinmangels verbunden. Völlig verständlich, wenn wir dem Beachtung schenken, was in den Medien alles kursiert. Weniger bekannt ist, dass die Mehrheit der Menschen die doppelte Menge an Eiweiß, die empfohlen wird, zu sich nimmt.

Es ist jedoch ziemlich einfach, sich fleischlos ohne Mangelerscheinungen zu ernähren, und dazu viel gesünder. Denn Proteine sind nicht gleich Proteine. Tierische Eiweiße verursachen in unserem Körper ein wildes Durcheinander, das unsere Hormone verwirrt, freie Radikale schneller produzieren lässt und dadurch den Alterungsprozess beschleunigt sowie die Krebsbildung ermutigt. Zu viele Proteine führen zu gesundheitlichen Problemen. Isst man zu große Mengen an Proteinen, führt das keineswegs zum Aufbau von noch mehr Muskeln, der Ausbildung stärkerer Knochen oder einem verbesserten Immunsystem. Es passiert etwas anderes: Das überschüssige Protein wird nicht als Eiweiß, sondern als Fett gespeichert. Wenn wir die pflanzlichen Lebensmittel mit dem niedrigsten Proteingehalt essen, nehmen wir immer noch ausreichend Proteine auf und werden dabei glücklich. Das sagt die Mood-Food-Theorie.

BOWLS AUF DER ÜBERHOLSPUR

Das Geheimnis der Bowls liegt in der Zusammensetzung aus etwa:

40%	35-40%	10-15%	10%
Vitaminen	*vollwertigen Körnern/ Getreide*	*Proteinen*	*unverarbeiteten Fetten*

Mit Bliss zum Gute-Laune-Profi

Das Bliss, die Glückseligkeit, ist eine der Hauptzutaten und damit das Besondere an den Buddha Bowls. Mit anderen Worten, die Bowls gehören zum Mood Food oder Happy Food. Verantwortlich dafür sind die vielen Lebensmittel, die reich sind an Eiweißbausteinen, den Tryptophanen. Sie sind ausschlaggebend für unsere gute Laune. Um diese auszubilden, brauchen sie aber noch ein Gegenstück, den Neurotransmitter Serotonin, unser Bote für Glücksgefühle. Das Serotonin wiederum braucht Tryptophan, um zu bestehen. Die beiden gehören zusammen wie du und dein Partner, der dich glücklich macht. Haben sich die beiden gefunden, steht unserem Stimmungshoch nur noch eines im Wege: zu viel Eiweiß. Die heutige eiweißreiche Ernährung aus Milch- und Fleischprodukten verhindert leicht die Bildung von Serotonin. Wenn ihr das Gefühl habt, dass Pflanzenesser und Rohköstler immer eine Überdosis an guter Laune haben, hängt das mit ihrer abwechslungsreichen, vitamin- und mineralstoffreichen Vollwerternährung zusammen. Sie besteht aus diesen tryptophanreichen Lebensmitteln.

Mit den Bowls und ihren Bliss-Stoffen können wir diesen Effekt auch leicht bekommen.

Versetzen wir uns ins Glücksmoment mit:

ballaststoffreichen Lebensmitteln, wenig Eiweiß und komplexen Kohlenhydraten, einem ausgeglichenen Omega-3- und Omega-6-Verhältnis und besonderen Glücksbomben wie

Nüssen, im Speziellen Cashews
Bohnen, besonders Soja
Samen, besonders Amaranth, Quinoa, Hafer, Hirse und Sesam
Weizenkeimen und Pilzen

Unser Glücksmoment ist nun fast perfekt. Nehmen wir nochmal die Zen-Kultur und das bewusste Essen auf und machen den Bliss vollkommen. Denn neben der Zutatenkombination triumphiert auch die Art, wie und wo wir essen. Essen wir nicht zwischendurch, sondern machen wir es wie die Buddhas, essen bewusst am Tisch und nehmen uns genügend Zeit dazu.

Glücklich und zufrieden wie ein wohlgenährter Buddha dank leichtem, gesundem Essen.

DAS EINMALEINS DER NÄHRSTOFFE

Das Einmaleins der Nährstoffe

WAS IST DRINNEN IN DEN BOWLS?

Von der Aminosäure zum Protein

Die Bowls sind klasse, da sie die optimalen Ernährungskombinationen beinhalten und dafür sorgen, dass die Proteinaufnahme gesichert ist.

Proteine sind wichtig. Wir brauchen sie für unsere DNA, unser Erbgut und vieles andere. Das Gute ist, dass sie in allen Lebensmitteln enthalten sind, die wir in der Natur finden. Um Proteine zu bilden, schnappt sich unser Körper Aminosäuren. Insgesamt verfügen wir über 20 verschiedene Arten, wovon wir ein paar über die Nahrung aufnehmen. Pflanzliche Proteine sind gegenüber tierischen von höherer Qualität, leichter verdaulich und besser verwertbar. Jedoch bauen Pflanzen ihre Proteine anders als Tiere und verwenden dabei meist zu wenig Aminosäure, die wir aber bräuchten, um unsere Proteine zu bilden. Pflanzenbasierte Proteine sind somit oft unvollständig, man spricht von „inkomplett". Essen wir nun Pflanzen mit inkompletten Aminosäuren, fängt unser Organismus an, so lange daraus Proteine zu bauen, bis ihm die Aminosäuren ausgehen. Essen wir dann im Laufe des Tages weitere Pflanzen, die die fehlenden Aminosäuren wieder auffüllen, baut er fleißig weiter. Wichtig ist also, dass wir geschickt kombinieren.

Generell gilt:
Vollkorn, Nüsse oder Samen + Hülsenfrüchte
= komplettes Protein

Das ist in der Regel auch der Grund, weshalb ein Reisgericht traditionell mit Bohnen, Vollkorn-Fladenbrot mit Hummus oder ein Vollkornbrot mit Erdnussmus serviert wird.

Geschickt kombiniert das komplette Protein-Juhu erfüllen:

Hummus (Kichererbsen und Sesam)
Linsen-Walnuss-Burger
Bohnenmus mit Tortilla
Maisfladen mit Bohnen
Falafel mit Vollkorn-Pita
Erdnussbutter mit Vollkornbrot
Schwarzer-Bohnen-Quinoa-Burger

Muss ich bei jeder Mahlzeit kombinieren?

Nein! Die Nährstoffe werden in unserem Körper gespeichert. Und irgendwann im Laufe des Tages essen wir normalerweise immer etwas, das die fehlende Aminosäure ergänzt.

Einige, wie die Sportler unter uns, werden nun bestimmt sagen: „Das reicht mir nicht, ich gehe lieber auf Nummer sicher." Mit folgenden Ausnahmen der pflanzenbasierten kompletten Proteine bezwingen wir garantiert jeden Berg!

Komplette Proteine liefern:

Amaranth
Quinoa
Canihua
Buchweizen
Lupine
Hanf
Chia-Samen
Spirulina-Algen
Soja

An Sojaprodukten gibt es ein paar zur Auswahl, die in die Bowl wandern können. Sie alle sind eine hochwertig komplette Proteinquelle und senken, verglichen mit tierischen Produkten, die Blutfettwerte. Naturtofu schmeckt pur wie Pasta Napoli ohne Napoli. Wir können ihn jedoch richtig lecker zubereiten.

Tofu: wird aus Sojabohnen hergestellt in einem ähnlichen Verfahren wie Käse. Der feste Tofu eignet sich besonders zum Grillen, Marinieren oder Braten. Weicher Tofu wie Seidentofu enthält mehr Wasser und ist besonders gut für Soßen, Dressings oder Desserts geeignet.

Tempeh: schmeckt mir persönlich weniger, hat sich jedoch einen Platz im Buch verdient, da er aus fermentierten Sojabohnen und damit sehr gesund ist. Er hat ein nussiges Aroma und kann gekocht, gegrillt, gebraten oder in Suppen verwendet werden.

Edamame: sind die unverarbeiteten puren Sojabohnen und schmecken trotzdem prima! Sie werden grün geerntet, wenn sie noch süß sind. Die Bohnen werden gekocht und als Gemüse, Snack oder Appetizer serviert. Sie sind sehr wertvoll, reich an Proteinen und Ballaststoffen.

Tamari als beste Soja-Soße: Soja-Soße wird aus fermentierten Sojabohnen hergestellt. Es gibt viele verschiedene wie Shoyu, Tamari, Teriyaki. Mein Favorit ist die Tamari-Soße, da sie nur aus Sojabohnen besteht, damit reiner und glutenfrei ist. Den anderen Soßen werden Weizen und teilweise andere Zutaten wie Essig, Zucker und Gewürze hinzugegeben.

Von einfachen zu komplexen Kohlenhydraten

Warum sind Körner und Getreide gut für mich?

Immer wieder lesen und hören wir es und jedesmal aufs Neue widerstrebt mir dieser Satz: „Kohlenhydrate machen dick." Ich esse ständig Kohlenhydrate, sie halten mich fit, machen mich glücklich und zufrieden und nicht dick. Dabei gehöre ich definitiv nicht zu den gesegneten Menschen mit der Verstoffwechselung eines Turbo-Teilchen-Beschleunigers. Auch ich habe mich bereits mit unnötigen Kilos angelegt. Mittlerweile weiß ich, dass Kohlenhydrate unsere Freunde sind. Wir brauchen sie. Ganz dringend sogar.

Das Problem: Oft werden Kohlenhydrate mit Fettigem kombiniert oder sind so sehr von der Industrie auseinandergenommen und wieder zusammengefügt worden, dass ihr eigentliches Gutes zerstört ist.

Die Lösung: Wir essen die unverarbeiteten Kohlenhydrate, das Korn und Getreide an sich, bei denen die komplexen Kohlenhydratketten noch nicht zerstört sind. Sie zu zerlegen, überlassen wir nicht der Industrie, sondern unserem Körper. Der möchte schließlich auch etwas zu tun haben und sich nicht nur ausruhen.

Körner/Getreide sind das geniale Powerhouse, denn:

- die vielen Vitamine und Mineralien vollbringen ganz große Arbeit in unserem Körper, damit wir stark und gesund bleiben
- sie sind reich an Ballaststoffen – sofern es sich um Vollkornprodukte handelt –, die uns ein Völlegefühl verleihen und das Risiko von Herzkrankheiten, Fettleibigkeit und Diabetes Typ 2 senken
- sie enthalten kaum Fett
- sie verfügen über moderate Mengen an Proteinen, in dem Maß, wie wir sie brauchen

Hülsenfrüchte sind extrem wertvoll, sie sind:

- reich an Ballaststoffen
- fettarm
- cholesterinfrei
- eine gute Quelle für Vitamine und Mineralien
- natriumarm

Fazit:

Körner/Getreide und Hülsenfrüchte machen langanhaltend satt und zufrieden. Damit bleiben uns Hungerattacken und der Griff zu süßem Ungesunden oder salzig Fettigem erspart.

Vom raffinierten zum unraffinierten Zucker

Zucker in Maßen. Die Theorie klingt gut, aber wie sieht die Praxis aus? Es gibt viele Gründe, keinen raffinierten Zucker zu essen. Mein Hauptgrund, darauf zu verzichten: Er macht mich süchtig und ich esse mehr, als ich es sonst tun würde. Woher kommt das?

Der Zucker veräppelt quasi unseren Körper, denn er liefert uns leere Kalorien und zwar blitzschnell. Der Blutzuckerspiegel steigt und fällt danach wieder umso tiefer. Er möchte wieder hochfahren und braucht dafür erneute Zuckerzufuhr. So begeben wir uns auf eine wilde Achterbahnfahrt, möchten immer wieder hoch und kommen in den Achterbahn-Flow. Bis wir irgendwann genug haben, uns schlecht wird und wir fix und fertig auf dem Sofa landen.

Prinzipiell ist Zucker nicht ungesund, im Gegenteil sogar lebensnotwendig. Neben Eiweiß und Fetten ist er unser dritter Grundbaustoff. Alles, was in der Natur lebt, dazu gehören Pflanzen wie Tiere, besteht aus diesen drei Molekülarten.

Zucker taucht jedoch in der Natur nie allein auf. Er hat immer seine Begleiter dabei, die Vitamine, Mineralien und Ballaststoffe. Die Menschen fanden den Zucker aber ohne seine Begleiter süßer und trennten ihn von seinen treuen Kumpanen. Das spielt auch unserem Körper in die Hände, denn auf diese Weise wird ihm Arbeit erspart. Doch lange gefällt es ihm nicht, denn die überschüssige Energie wird in Fettpölsterchen umgewandelt, die irgendwann anfangen zu nerven. Suchen wir uns also Zucker mit möglichst vielen Nährstoffen und wenig Blutzuckeranstieg. Ich habe vor knapp zehn Jahren so gut wie ganz aufgehört, raffinierten Zucker zu essen und jegliche Alternativen ausprobiert.

Meine heutigen Favoriten:

Trockenfrüchte: natürlichste und ursprünglichste Form von Süße und damit meine liebste.

Dattelsirup: wird aus getrockneten Datteln gewonnen, ist recht dickflüssig, schmeckt fruchtig und eignet sich vor allem für Süßspeisen.

Kokosblütensirup: wird aus dem frischen Blütensaft der Kokospalme gewonnen, ist wie der Dattelsirup recht dickflüssig und hält den Blutzuckerspiegel sehr gut konstant.

Kokosblütenzucker: wird aus dem Nektar ausgewählter Kokosblüten gewonnen, schmeckt karamellartig und hält wie der Kokosblütensirup den Blutzuckerspiegel relativ konstant.

Ahornsirup: wird aus dem Saft der Ahornbäume gewonnen, schmeckt ganz besonders und enthält für Süßungsmittel viele wichtige Mineralstoffe. Je heller, desto milder im Geschmack.

Kauf-Tipp: Wer den Ahorngeschmack nicht so sehr mag, greift zum helleren.

Vom Öl zu Nüssen und Avocado

Zu den traditionellen japanischen Ernährungsprinzipien gehört das fettarme Essen. Öl wird so gut wie gar nicht verwendet und Fette ganz automatisch über die verwendeten Nahrungsmittel aufgenommen.

Fett hat eine sehr hohe Kaloriendichte. Vergleichen wir die Kaloriendichte mit Eiweiß und Kohlenhydraten, bekommen wir durch Fett mehr als doppelt so viele Kalorien pro Gramm, und zwar neun an Stelle von vier. Unser Magen gibt uns jedoch erst dann das Gefühl, richtig satt zu sein, wenn er voll ist. Essen wir also mehr voluminöse Zutaten mit hoher Nährstoffdichte, fühlen wir uns bei geringerer Kalorienmenge schneller voll.

Jedoch: Die Fette sind Freund und Helfer fettlöslicher Vitamine wie A, D, E und K. Wenn wir Fette essen, helfen diese uns, fettlösliche Vitamine aufzunehmen, die wir zur Hormonbildung und für die Nervenzellen brauchen. Auch schmiegen sich die Fette wie Pölsterchen um unsere Organe und schützen sie vor Verletzungen. Unverarbeitete Fette aus Nüssen, Avocados und Samen leisten große Arbeit. Sie kommen ohne Öle hervorragend zurecht.

DAS EINMALEINS DER NÄHRSTOFFE

Der Deal mit Omega 3 und 6

Die Bowls bringen noch ein weiteres Juhu mit sich. Mit ihren Zutaten beinhalten sie ein ausgeglichenes Verhältnis der Omega-3- und Omega-6-Fettsäuren. Wir hören oft, dass wir Fisch essen sollen, da er die gesunde Fettsäure Omega 3 enthält. Oder wir kaufen Fischölkapseln, um unseren Omega-3-Bedarf zu decken. Es ist ganz einfach. Es gibt zwei essenzielle Fettsäuren, Omega 3 und 6, die wir über die Nahrung aufnehmen und nicht im Körper selbst bauen können. Das Verhältnis von Omega 3 zu Omega 6 sollte zwischen 1 : 1 und 1 : 4 sein. Mit der heutigen Ernährung ist das Verhältnis jedoch auf 1 : 25 bis 30 (Omega 3 : Omega 6) angestiegen. Das ist leicht zu erklären, wenn wir uns anschauen, wo sich diese Fettsäuren aufhalten.

Omega 3 kommt vermehrt vor in:

Meerestieren
Algen
Walnüssen
Leinsamen
manchem Soja
Hanfsamen
Chia-Samen

Omega 6 kommt vermehrt vor in:

Huhn
Schwein
Rind
ungesättigten
Pflanzenölen

Mit Tierprodukten und Ölen schaffen wir es wunderbar, unsere Omega-6-Ratio auf Hochtouren zu bringen. Unsere Omega-3-Aufnahme bleibt dabei allerdings einsam auf der Strecke. Wir haben vielleicht noch die Worte vom letzten Werbespot im Kopf, gehen in den Supermarkt oder in die Apotheke und finden Omega-3-Kapseln mit ihren vielversprechenden Angaben. Und schwups sind sie im Korb. Doch wäre es nicht einfacher, die Omega-6-Fettsäuren und damit die Zufuhr tierischer Produkte zu verringern, anstelle die Omega-3-Fettsäuren zu supplementieren? Das hilft dann auch garantiert, wohingegen Experten die Meinung vertreten, dass die Omega-3-Zufuhr über Fischöl wirkungslos ist. Es wird kein Geld damit gemacht, wenn die Omega-6-Zufuhr gesenkt wird, dafür eine Menge, wenn die Omega-3-Aufnahme erhöht wird.

Die goldenen Hauptzutaten

Wir hatten es ja bereits von den Vorteilen der Körner und Hülsenfrüchte. Jedoch gibt es eine riesige Auswahl dieser gesunden Energie- und Eiweißbomben. Alle sind prima und doch unterscheiden sie sich etwas voneinander. Ich möchte nicht alles vorwegnehmen und die Spannung den Bowls überlassen, ein paar Gesundheitsboni von ein paar Zutaten aber doch schon mal verraten.

Getreide:

Grünkern: ist grün, also noch unreif geernteter Dinkel und besonders gut verdaulich. Er kann in den Bowls als ganzes Korn, in Form von Bratlingen oder in Soßen verwendet werden.

Hirse (glutenfrei): ist super schnell gekocht, das mineralstoffreichste Getreide und in Kombi mit Vitamin-C-haltigen Lebensmitteln (Zitrone) doppelt wertvoll. Daneben enthält das „Schönheitskorn" wunderbare Kieselerde und stärkt dadurch Bindegewebe, Haare und Nägel.

Mais (glutenfrei): ist ein sehr ballaststoffreiches Lebensmittel, liefert viel Energie und lässt sich als Polenta blitzschnell in Minuten zubereiten. Bei Lagerung wandelt sich sein Zucker in Stärke um und der Mais verliert an Süße.

Rohe Haferflocken: Hafer wirkt stimmungsaufhellend und enthält von allen Getreidesorten den höchsten Wert an Polyensäuren (essenzielle Fettsäuren). Seine Inhaltsstoffe machen unsere Haut und Haare schön. Gekaufte Haferflocken müssen aufgrund längerer Haltbarkeit leider erhitzt werden. Viele der wunderbaren Wirkstoffe gehen dabei verloren. Mit einer Getreidemühle sind sie jedoch leicht selbst gemacht.

Pseudogetreide (glutenfrei):

Buchweizen: ist besonders wertvoll aufgrund seiner vielen Mineralstoffe wie Eisen und Phosphor. Er ist ein Knöterichgewächs und laut traditioneller chinesischer Medizin wärmend. Ich esse ihn gern roh, in süßen Bowls.

Amaranth, Canihua und Quinoa: sind sich sehr ähnlich und gehören alle zu den Fuchsschwanzgewächsen sowie dem Korn der Inkas. Alle Körner enthalten viel (vollständiges) Eiweiß. Alle drei bieten so ziemlich alles, was ein Getreide liefern kann.

Amaranth: Glauben wir seinem botanischen Namen, sind wir mit ihm unsterblich.

Canihua: wird auch als Baby-Quinoa bezeichnet und findet in der sportlichen und vegetarischen Trendküche großen Einsatz. Aufgrund seines schokoladigen Geschmacks eignet sich das Korn auch hervorragend in der süßen Küche. Die Schokoliebhaber unter uns werden sich daran freuen.

Quinoa: ist in Weiß, Rot und Schwarz erhältlich und schmeckt in pikanten und süßen Gerichten.

Hülsenfrüchte

Linsen: sind komplexe Kohlenhydrate, die viel Eiweiß enthalten. Damit gehören sie zu den Kohlenhydraten, die von uns langsam abgebaut werden. Ein paar Sorten gibt es, die besonders schnell gar werden – hier reicht es, beim Kochen die Küchenuhr auf nur 10 Minuten zu stellen.

Erbsen: sind ein stärkereiches und ebenso eiweißreiches Gemüse. Ihr hoher Ballaststoffgehalt sorgt unter anderem dafür, dass unser Blutzuckerhaushalt ausbalanciert bleibt. Die frischen Erbsen enthalten besonders viele wertvolle Nährstoffe.

Bohnen/Kichererbsen: Ja tatsächlich, Böhnchen machen Tönchen, aber sie können vieles mehr. Mit ihrem Ballaststoff- und Eiweißgehalt sind sie wahre Goldstücke. Ebenso wie die Linsen sorgen sie als komplexe Kohlenhydrate dafür, dass wir sie langsamer verdauen und der Blutzuckerspiegel nicht ansteigt.

Gemüse und Obst

Es ist nicht alles Gold, was glänzt, oder nicht alles glänzt, was Gold ist. Wenn wir zwei Steine zur Auswahl haben, einen Edelstein und einen normalen, ist die Entscheidung schnell getroffen. Was, wenn der normale Stein innen aber noch einen viel wertvolleren Edelstein versteckt enthält? Beim Gemüse und Obst ist das ganz besonders der Fall, der perfekt rote, glänzende und runde Apfel scheint durchaus eine gute Wahl zu sein. Dann beißen wir rein, schaffen den riesigen Apfel nicht und lassen ihn liegen. Nach einer halben Stunde erinnern wir uns wieder an den Apfel und essen weiter. Er hat sich nicht verfärbt, juhu.

Ich erinnere mich an die Äpfel aus unserem Garten. Keine 10 Minuten kann ich sie liegen lassen, ohne dass sie nicht oxidiert wären.

Obst ist nicht gleich Obst und Gemüse nicht gleich Gemüse. Je nach Anbau und anschließender Behandlung bzw. Nichtbehandlung unterscheidet sich das Obst und Gemüse an Vitaminen, Mineralstoffen und Spurenelementen. So kann der perfekt rot glänzende Apfel beispielsweise chemisch-synthetischen Dünger, Herbizide, Insektizide, Antibiotika, Hormone, Tiermehl oder gentechnisch veränderte Organismen abbekommen haben. Seine inneren Werte sind vielleicht doch nicht mehr so juhu.

Deshalb: Lieber Bio und unperfektes Obst und Gemüse kaufen, auch mal die armen Missfits nehmen, und der Golden Glow, wie man in Kalifornien sagen würde, trifft garantiert ein. Nicht sofort, aber er wird kommen!

Sehr verallgemeinert gesagt:

Was außen glänzt, ist meist innen pfui, was außen nicht glänzt, ist innen hui.

In Kalifornien sind die goldenen Zutaten vor allem auch eins: lila. Vielleicht wisst ihr schon warum, wenn nicht, könnt ihr euer lila Wunder erleben.

Lila Wunder

Habt ihr schon von der Purple-Diät gehört? Es wird nach Farben gegessen, und zwar lila Pflanzen. Der Trend kommt aus Hollywood und nimmt in Kalifornien seinen Lauf. Ich halte nichts von solchen Diäten, aber diese ist ganz hilfreich bei der Deutung antioxidantienreicher Lebensmittel.

Was steckt dahinter?

Es geht hierbei um die Antioxidantien, die uns die freien Radikalen vom Hals halten. Sie sind alles andere als gut, denn sie fallen unsere Zellen an und lassen sie altern. Sie können auch noch weiter gehen und die Zellen so weit schädigen, bis sie entarten und Krebs ausbilden. Die Antioxidantien jedoch spielen Fangen mit den freien Radikalen und halten sie so von ihrem Unfug ab. Je mehr Antioxidantien, desto besser.

Kommen wir nun zum schöneren Teil: der Farbe Lila. Sie ist mein Lieblingsindikator für antioxidantienreiche Lebensmittel. Wir brauchen keine Violett-Diät durchführen, um jung zu bleiben. Aber eine nützliche Orientierung bieten die schön violett hin zu dunkelrot strahlenden Lebensmittel auf jeden Fall. Kartoffeln enthalten beispielsweise Antioxidantien, lila Kartoffeln aber bis zu zehnmal mehr. Die Antioxidantien sind auch der Grund, weshalb Acai Bowls so gehypt werden.

Spitzen-Obst:

Acai-Beeren   Brombeeren
Maqui-Beeren   Himbeeren
Aronia-Beeren   Granatäpfel
Heidelbeeren
Cranberries

Spitzen-Gemüse:

Artischocke

Lila Upgrades

Grüne Artischocken und grüner Spargel sind die Antioxidantienknüller des Gemüses. Mit dunkelroten oder lila Sorten können wir noch eins draufsetzen. Aber auch die anderen genannten Gemüse sind in ihren bekannten Farben äußerst antioxidantienreich.

Weitere:

Rotkohl
Radicchiosalat
Spargel, grün oder lila
Spinat
Kartoffeln, lila
Karotten, lila und dunkelrot
Blumenkohl, lila
Sprossen, lila und dunkelrot
Zuckerschoten, lila

Spitzen-Proteine:

Kidneybohnen
Pinke Bohnen
Schwarze Bohnen
Pinto-Bohnen
Linsen
Sojabohnen
Adzuki-Bohnen

Spitzen-Nüsse:

Pekannüsse
Walnüsse
Haselnüsse
Pistazien
Mandeln
Erdnüsse
Cashewnüsse

Die lila Lebensmittel wachsen rein natürlich, auch wenn sie etwas nach Gen-Mutation aussehen.

Die einfache Lösung:

Wenn wir uns pflanzlich ernähren, müssen wir uns nicht allzu viele Gedanken machen. Denn je weniger tierische Lebensmittel wir essen, desto mehr greifen wir zu einer bunten Auswahl an pflanzlichen Nahrungsmitteln. Und das Schöne ist, dass hier, und ausschließlich hier, die Antioxidantien in hoher Konzentration vorkommen. Gesünder geht's nicht!

DIE GOLDENEN HAUPTZUTATEN

4 plus 2
DIE BUDDHA-BOWL-REGELN

Das eine Gute neben dem ganzen anderen Guten an den Bowls ist, jeder kann sich frei nach dem Motto „alles, was mir schmeckt" ausleben und rumprobieren. Der Experimentierfreude sind keine Grenzen gesetzt. Haben wir die paar Buddha-Regeln gelesen, kann nichts mehr schief gehen und die Bowls schmecken garantiert. Lassen wir also die Zutaten rotieren und jeden Tag eine etwas andere Bowl kreieren. Die Geschmacksexplosion ist vorprogrammiert.

Noch ein Tipp bei kreativer Bescheidenheit:
Einmal die Woche zum Marktstand um die Ecke gehen, nach allen saisonalen Gemüse- und Obstsorten fragen, kaufen und in die Bowl packen.

Die vier ersten Regeln brauchen wir, um die Bowl in eine Buddha Bowl zu verwandeln. Mit den zwei letzten Punkten können wir unsere Bowl dann nochmals upgraden. Sie sind mein kleines Extra.

Wie kreiere ich meine perfekte Buddha Bowl?

 Wir brauchen Getreide oder Körner

Das Getreide nehmen wir am besten vom vollen Korn (Vollkorn). Das schmeckt nicht nur vollmundig, sondern ist auch voll gesund und hält uns langanhaltend voll. Wir können uns durch alle Körner probieren, die in der Liste auf Seite 32 aufgeführt sind, und noch mehr.

Meine Lieblingskörner sind:
Reis, Quinoa, Mais und Buchweizen

Packt mich die Abwechslungslust, greife ich zu Körnern wie: Amaranth, Canihua, Grünkern und Gerste.

 **Dazu kombinieren wir pflanzliche Proteine, Hülsenfrüchte**

Für den extra Eiweiß-Kick nehmen wir noch eine Handvoll von unseren Lieblings-Hülsenfrüchten. Hülsenfrüchte enthalten neben den Proteinen Zink und Eisen und ähneln damit den Nährstoffen von Fleisch. Zusätzlich sind sie sehr ballaststoffreich und liefern ausschließlich gute Fettsäuren. Probiert euch gern durch die Liste auf Seite 34.

Selbst gekochte Trockenerbsen schmecken mir besonders ausgezeichnet. Meine schnellen Lieblinge, da sie auch aus dem Glas gut schmecken, sind Kichererbsen und Kidneybohnen.

 Ein Regenbogen muss her

Gemüse ist super, das wissen wir, aber warum muss es gleich ein Regenbogen werden?
Gemüse beinhaltet eine Menge verschiedener Vitamine, Mineralien, Antioxidantien, Ballaststoffe und hydratisierendes Wasser. Jedes Gemüse unterscheidet sich mit seinen Nährstoffen ein wenig von den anderen. Beispielsweise haben wir dunkles Gemüse wie Spinat, das eisenreich ist, leuchtend rotes wie Paprika, das reich an Vitamin C ist, oder oranges wie Karotten, das Beta-Carotin beinhaltet. Essen wir nun von allen Farben, bekommen wir auch alle Nährstoffe ab, die wir brauchen.

Stärkehaltiges Gemüse wie Kartoffeln, Süßkartoffeln und Mais besteht aus komplexen Kohlenhydraten und hält uns länger satt.

Uns fehlen noch gesunde Fette

Beim Einmaleins der Nährstoffe (Seite 14 ff.) haben wir bereits viel über Fette gelernt. Rufen wir uns das nochmals ins Gedächtnis und schnappen uns ein paar unverarbeitete Fette. Damit vervollständigen wir die Makronährstoffe, nutzen sie für die Hormonbildung und schützen die Organe.

Bestimmt kennt ihr das, dass ihr Karotten immer mit Fett essen sollt, damit ihr die Vitamine auch aufnehmen könnt. Nun, das stimmt nur teilweise. Wir brauchen die Fette, um Vitamine aufnehmen zu können. Aber wir müssen Karotten nicht immer mit Fett essen. Unser Körper kann Fette, zum Leid des ein oder anderen, speichern. Die Fette warten dann brav auf ihren Einsatz. Also ran an die Nüsse, Kerne, Avocados und Samen. Neben der Avocado stecken meine Lieblingsfette in Walnüssen und Cashewkernen. Meine Lieblingssamen sind schwarzer Sesam und Hanfsamen. Klasse schmecken auch Sonnenblumenkerne und Kürbiskerne, in der Pfanne leicht erwärmt.

P.S.: Nicht übertreiben, eine kleine Handvoll am Tag reicht den meisten von uns.

Plus 1: Geht noch mehr

Wenn wir dann noch lustig sind, nehmen wir Früchte für einen weiteren Nährstoff-Kick auf. Neben ihren Mikronährstoffen bringen sie eine geniale Süße und Säure. Denken wir hierbei an das lila Wunder (Seite 19). Beeren und Granatäpfel sind super, aber auch alles andere Obst wie Mango, Birne, Apfel, Kiwi und Feige bringen uns nur Vorteile.

Einfach alles drauf, was euer Herz begehrt.

Plus 2: Das Krönchen zum Schluss

Fermentierte Lebensmittel — es ist, als wären sie plötzlich aus dem Nichts wieder auferwacht. Gut für uns. Man könnte sie auch als gärende Lebensmittel bezeichnen, aber das klingt nicht mehr ganz so rein. Bleiben wir lieber bei Fermentation.

Bei der Fermentation werden organische Stoffe mithilfe von Bakterien umgewandelt. Dabei entstehen oft Säuren, die das Essen sauer schmecken lassen. Durch die Säure werden unsere Lebensmittel natürlich haltbar gemacht. Es ist die älteste und gesündeste Form der Haltbarmachung. Die fermentierten Lebensmittel sind probiotische Kraftpakete und lassen Bakterien auf unseren Darm los, um dort klar Schiff zu machen. Unser Darm lässt sich sehr gern von den Probiotika pflegen und stellt zur Belohnung sein natürliches Gleichgewicht her.

Das ist dann etwa gut gegen Durchfall oder gut bei Stuhlgangproblemen, stärkend für das Immunsystem und ein möglicher Schutz vor Allergien.

Der Hype zeigt sich am Kombucha. Für unsere Bowls interessant sind die Sojasoße, Tamarisoße und Tempeh. Ich persönlich nehme Soja- oder Tamarisoße anstelle von Salz für fast alles. Wer mag, kann auch gern Sauerkraut und eingelegte Gurken in die Bowls geben. Sie sind die deutschen Probiotika-Must-Haves.

Tadaaaa!

Küchencheck

WAS IMMER IN MEINER KÜCHE IST

Es kann ganz schön anstrengend sein, den ganzen Tag zu arbeiten, sich gesund ernähren zu wollen und dann noch Zeit für Freunde und Familie zu finden. Aber es gibt immer auch Tricks, gesunde und gleichzeitig schnelle Bowls zu machen. Ein paar von ihnen kennen wir bereits – der Begriff „Trick" ist hier vielleicht auch ein wenig hochgegriffen –, müssen aber manchmal wieder daran erinnert werden. Hier die Nummer eins: Für die Buddha Bowls gibt es ein paar Zutaten, die fast in jeder Bowl sind und bei denen es sich immer lohnt, sie parat zu haben. Haben wir ein paar dieser Zutaten zuhause, ist unsere Bowl schneller fertig als die Spaghetti.

Meine wichtigsten Bowl-Zutaten für die schnelle Küche

Im Fast-Good-Vorratsschrank:

Hier können alle Basislebensmittel rein, die wir gern haben und die wir nicht unbedingt frisch zubereiten müssen.

- Ahornsirup
- Apfelessig
- Gemüse wie Mais aus dem Glas
- Gewürze wie Kurkuma, Harissa
- Hülsenfrüchte wie Kichererbsen, Kidneybohnen aus Gläsern
- Knoblauchpulver
- Kokosblütenzucker
- Kokosnussmilch
- Nüsse wie Cashewkerne, Walnüsse
- Saaten wie Sesam, schwarzer Kümmel
- Tamari- oder Soja-Soße

Im Fast-Good-Kühlschrank:

- Aquafaba, dazu einfach den Sud aus Kichererbsengläsern auffangen
- Hummus
- Frische Kräuter, gewaschen, in luftdichten Gläsern oder Boxen
- Salat-Dressing, vorbereitet
- Salat, gewaschen, gerupft und in einer Salattasche oder Stofftasche aufbewahrt

SALAT IN SEKUNDEN:

Weiß- oder Rotkohl – mein Lieblingssalatersatz. Da er so kompakt ist, muss man nur einmal die äußeren Blätter waschen. Dann kann man ihn immer wieder ohne Waschen verwenden. Mit einem scharfen Messer lassen sich die Kohlstreifen superleicht und schnell herunterschneiden. Dressing drauf und fertig.

Im Obstkorb

- Reife Avocados
- Reife Bananen
- Zitronen

BUDDHA-TIPP:

Sobald das Obst reif wird, für Nachschub sorgen. Obst wird in der Regel unreif verkauft und braucht noch etwas Zeit zum Nachreifen.

In der Fast-Good-Tiefkühltruhe

- Bananen, geschält und in Stücke geschnitten
- Beeren
- Edamame
- Erbsen
- Kräuter für den Notfall
- Vorgekochte Körner wie Quinoa, Reis, Amaranth

FAST GOOD GEHT IMMER

Natürlich schmecken selbst zubereitete Bohnen besser als fertige, und aufgetaute Erbsen nicht so gut wie frische. Die fast verzehrbereiten Versionen sind aber immer noch sehr schmackhaft, machen Fast Food auf jeden Fall zum gesunden Fast Good und sagen „Ade" zu all unseren Ausreden fürs gesunde Bowl bauen.

Buddha Bowl-Küchentools

MEINE TOP 5

Für die Bowls brauchen wir keinen Profigerätepark und können mit ein paar wenigen Küchenhelfern sehr viel erreichen. Upgrades bezüglich der Menge und der Qualität sind natürlich immer möglich.

1. Der Hand-Spiralisierer kürt die Spitze

Mein Top-1-Küchengerät ist der Hand-Spiralisierer. Er ging sogar mit nach Kalifornien, in meinem „15 Kilogramm gut selektiert"-gepackten Backpack. Jeden Tag holte ich ihn raus und bereitete mir meine Rohkost-Gemüsenudeln zu. Zum Vergnügen meiner Reisefreunde, für die es noch Neuland war. Am Ende besaßen sie dann auch einen.

Kauftipp: Mein Favorit ist der Hand-Spiralisierer für etwa 20 Euro, da er, wer hätte es gedacht, handlich ist. Er hinterlässt am wenigsten Spülaufwand. Wer im glücklichen Besitz einer Spülmaschine ist, kann den Spiralisierer in der Regel mit reinpacken.
Der Hand-Spiralisierer hinterlässt jedoch auch eine Menge Rohkost-Reste. Für mich kein Problem, da ich immer auf sie aus bin, sie so esse oder sie in meinen Mixer fürs Dressing wandern. Wer sich nicht als Rohkost-Hase sieht, kann sich einen größeren Spiralisierer zulegen, bei dem weniger Reste anfallen.

Alternativ: Ein Sparschäler funktioniert auch. Die Nudeln werden dann zu langen Spänen.

2. Der Standmixer – es lohnt sich wirklich!

Mein teuerstes Gerät ist der Standmixer. Mir tat die Anschaffung am Anfang kurz weh, aber wirklich nur sehr kurz. Es war die beste Investition an Küchengeräten, die ich machte. Er läuft jeden Tag, und nach seinen nun 2½ Geburtstagen immer noch einwandfrei. Davor schlug ich mich mit einer Menge günstiger Exemplare herum. War nie zufrieden, sauer, wenn mein Bananeneis nicht eisig werden wollte, traurig, wenn die Suppe nicht supercremig wurde, peinlich berührt, wenn sich der Obermieter über den Krach beschwerte, und verärgert, wenn der Mixer nach einem Jahr kaputtging. Heute bin ich einfach nur noch glücklich und rate jedem zu ihm. Die Investition lohnt sich buddhamäßig für Smoothies, Dressings, Spreads, Soßen, Desserts.

Kauftipp: Es gibt mittelpreisige, so auch meiner, im Wert von 200 bis 300 Euro. Sie haben bzw. sollten eine Garantiezeit von etwa fünf Jahren haben.

Alternativ: Wen ich nicht überzeugt habe, der kann zu einem Pürierstab greifen. Er leistet auch seine Arbeit. Man muss sich jedoch teilweise mit Stückchen anfreunden und auf das ein oder andere süß-kalte Bananendessert verzichten.

3. Ein Bambusdämpfer

Im Dampf gart Gemüse besonders schonend und gesund. Zudem behält es eine schöne Farbe und knackige Konsistenz. Ich selbst besitze einen Bambusdämpfer. Traditionell kommt das Dampfgaren aus China, genauso wie der Bambusdämpfer. Wir bekommen ihn günstig im Asia-Laden.

Der Vorteil: Er ist natürlicher und neben Gemüse können wir auch anderes wie Reis und Kartoffeln darin zubereiten. Durch die verschiedenen Aufsätze eignet er sich besonders für die Buddha Bowls, da mehrere verschiedene Lebensmittel gleichzeitig gegart werden können.

Alternativ können wir auch einen anderen Dampfgarer nehmen oder den Boden einer Pfanne mit Wasser bede-

cken und unser Gemüse bei verschlossenem Deckel dämpfen. Letzteres ist dann so eine Art Studentenlösung.

Um Platz 4 und 5 streiten sich die Rohkostreibe und der Gemüsehobel

4. & 5. Rohkostreibe

Die Rohkostreibe nutze ich hauptsächlich für meine Frühstückbowls wie die Zoats (Zucchini-Oats) oder Coats (Carrot-Oats). Für sie ist die Reibe besonders wichtig, da das fein geriebene Gemüse das Müsli cremig macht.

4. & 5. Gemüsehobel

Der Gemüsehobel spart mir täglich ziemlich viel Schnippelarbeit und damit wertvolle Zeit. Mit ihm können wir größtenteils bis ganz auf das Messer verzichten und unser Gemüse superschnell in verschiedene Stifte hobeln. Prinzipiell können wir fast all unser Bowl-Obst und Bowl-Gemüse, welches zerkleinert werden muss, hobeln: Karotten, Auberginen, Gurken, Zucchini, Kartoffeln, Äpfel, Kohlrabi oder was ihr sonst so in eurer Bowl mögt.

Das schnelle Kochen

Kommen wir zum Kochen und meinen Lieblingszubereitungsformen. Zuerst die gute Nachricht: die Zubereitungen sind supergesund und gehen schnell. Das Schlechte dabei: wir müssen trotzdem danach spülen.

Kochen mit **kurzen Garzeiten**, das haben die Buddhas schon gemacht. Mittlerweile tendieren viele jedoch dazu, ihr Gemüse übergar zu essen. Prinzipiell gilt, je kürzer, desto besser, desto knackiger, desto mehr Nährstoffe.

Garen im Wok. Auch hier macht's China vor. Wer einen hat, unbedingt als schnelle Kochmethode nutzen. Er eignet sich nicht nur für asiatische Speisen. Er kann sehr stark erhitzt werden und durch seine Form werden die Zutaten gleichmäßig gegart.

Nehmen wir nochmal unseren Hobel, den feinstmöglichen Aufsatz und hobeln **dünne Stifte oder Würfel**. Klein und dünn vorbereitete Zutaten garen wesentlich schneller.

Wir können auch komplett auf die Garzeiten verzichten. **Rohkost** ist supernahrhaft! Damit haben wir dann doch noch etwas gefunden, das uns das Topfspülen erspart.

Bowls to go

Um Gemüsebrei in unserer Bowl zu vermeiden, stapeln wir geschickt nach Gewicht. Von schwer über mittel zu leicht. Zuerst unsere Kohlenhydrate, dann die Proteine (Hülsis), das Blattgrün und zuletzt die Toppings. Für das Dressing nehme ich gern ein extra Gläschen mit und gieße es kurz vor dem Essen in das Glas. Deckel nochmal drauf, gut schütteln und rein mit der Gabel. Guten Appetit!

Bei den Füllmengen bin ich nicht zimperlich, da das meiste eh Gemüse ist.

Mein Frühstück

fülle ich in der Regel in **Einmachgläser** ab mit einem Fassungsvermögen von 0,475 Litern. Das reicht mir für meine Overnight-Oats meist nicht ganz. Die Banane oder den Apfel packe ich dann separat ein. Für meine Smoothies nehme ich, je nachdem wie dickflüssig ich sie mache, gern 1,5-Liter-Einmachgläser oder -Flaschen.

Meine Hauptspeisen

packe ich in **Frischhalte-Glasboxen** oder Bento-Boxen. Hier bieten sich auch Bambus-Boxen oder Metall-Lunchboxen an. Meine persönlichen Favoriten sind jedoch die Glasboxen, da sie in der Regel in drei bis vier verschiedenen Größen günstig zu bekommen sind und sich im Vorratsschrank gut ineinander stapeln lassen. Je nach Hunger und Rohkostanteil variiere ich hier meine Bowl-to-go-Größe zwischen 0,75 bis 1,2 Liter.

Desserts

sehe ich besonders gern in kleinen Aufstrich-Gläschen zwischen 0,2 bis 0,4 Litern.

Wo bekomme ich was?

Ein paar der Bowl-Zutaten sind eventuell nicht für jeden von uns eine Grundzutat in der Küche. Prinzipiell kaufe ich an drei Orten ein: im Biomarkt, auf dem Markt und im Asia-Laden.

EINKAUFSLISTE:

- **Bunte Bete**
- **Chufas**
- **Edamame**
- **Flohsamenschalen**
- **Hefeflocken**
- **Lila Karotten**
- **Kokosblutenzucker**
- **Reisessig**
- **Reisflocken**
- **Sanddornpuree**
- **Steckrüben, verzehrfertig**
- **Spirulina**

KAUFTIPP:
Meine Regel beim Einkaufen lautet, je weniger an Zutaten und Herstellungsverfahren auf dem Etikett steht, desto besser.

1. Im Biomarkt

Chufli
Datteln
Flohsamenschalen
Hafer, ganzes Korn – daraus werden Haferflocken gemahlen
Hanfsamen, geschält
Hefeflocken
Ingwer
Kokosjoghurt
Kokosmehl
Reisflocken
Samen, Körner
Sanddornpüree
Spirulina-Pulver
Süßer Balsamicoessig
Süßungsmittel wie Ahornsirup, Kokosblütenzucker
Tamari-Soße
TK-Kräuter
Wurzeln wie Kurkuma

Gläservorrat: Hülsenfrüchte wie Kichererbsen und Kidneybohnen kaufe ich nur im Biomarkt, da bei fast allen anderen konventionellen Produkten Zucker oder andere Inhaltsstoffe zugesetzt sind.

2. Auf dem Markt

Etwas ausgefallenere Frischkost wie lila Gemüse und Bunte Bete bekomme ich auf dem Markt. Könnt ihr es dort nicht finden, bietet sich ein großer Supermarkt an. Dort gibt es auch vorbereitete Steckrüben, verzehrfertigen Salat und vakuumverpackte Maronen.

3. Im Asia-Laden

Chinesische Pilze
Edamame
Reisessig
Soja-Soße

KÖRNIG, FRUCHTIG ODER GERÖSTET

Basisrezepte

BASISREZEPTE

1. *Zubereitung Körner*
2. *Zubereitung Hülsenfrüchte*
3. *Ölfreies Amaranth-Granola*
4. *Ölfreies Ofen-Geröstetes*

....

Mit den Körnern und Hülsenfrüchten bewältigen wir unseren Tag auf ein Leichtes. Damit es uns beim Bowl Building auch nicht langweilig wird, probieren wir uns am besten einmal durch die Listen der Körner und Hülsenfrüchte. Von oben nach unten oder unten nach oben oder von der Mitte nach außen. Danach wissen wir auch garantiert, wo unsere Stärken liegen.
Meine Stärken liegen ganz klar bei Quinoa, Reis, Kichererbsen und Kidneybohnen. Am besten koche ich alle auf einmal. Erinnern wir uns an die vorangegangenen Seiten, wissen wir jetzt auch, dass es sich lohnt, immer Körner und Hülsenfrüchte auf Vorrat im Schrank oder der Tiefkühltruhe zu haben.

BASISREZEPTE

BASISREZEPTE

Körner

ZUBEREITUNG

Nimm 1 Tasse Körner	*Füge die angegebene Menge an Wasser oder Brühe hinzu*	*Bringe Körner zum Kochen und lasse sie für die angegebenen Zeit köcheln*	*Erhalte folgende Anzahl an Tassen*
Amaranth	2 ½ Tassen	25 Minuten	3 ½
Gerste, geschält	3	35-40 Minuten	3 ½
Gerste, ganz	3	60 Minuten	4
Grünkern	3	45-60 Minuten	3
Buchweizen	3	20 Minuten	2 ½
Mais, ganzes Korn	2 ½	2 ½-3 Stunden	3
Mais, gemahlen	4	20 Minuten	3
Hirse	2	30-35 Minuten	3
Quinoa	2	12-15 Minuten	2 ½
Reis, mitteldick	2	15-20 Minuten	3
Reis, braun	2 ½	40-50 Minuten	4
Reis, wild	3	30-45 Minuten	3 ½ -4
Reis, Basmati	1 ½	25 Minuten	3
Reis, Jasmin	2	15-20 Minuten	3
Roggen	3	1 ½ Stunden	3
Bulgur	2 ½	20-25 Minuten	2
Canihua	3	15 Minuten	3 ½

Hülsenfrüchte

ZUBEREITUNG

Nimm 1 Tasse Hülsenfrüchte	Weiche sie ein oder auch nicht	Füge folgende Menge an Wasser hinzu	Koche die Hülsenfrüchte für die angegebene Zeit	Erhalte folgende Anzahl an Tassen
Adzukibohnen	Ja	3	1–1½ Stunden	2
Anasazi-Bohnen	Ja	3	2 Stunden	2
Schwarze Bohnen	Ja	4	3 ½ Stunden	2
Augenbohnen	Nein	3	50–60 Minuten	2
Kichererbsen	Ja	4	1–1½ Stunden	4
Fava-Bohnen	Ja	2 ½	3 Stunden	4
Ackerbohnen	Ja	3 ½	1 ½ Stunden	2
Weiße Bohnen*	Ja	3	1–1½ Stunden	2
Kidneybohnen	Nein	2	30–45 Minuten	2 ½
Linsen	Ja	2	1–1 ½ Stunden	1 ¼
Limabohnen	Ja	3	1 ½ Stunden	2
Navy-Bohnen	Nein	3	30 Minuten	2 ¼
Erbsen, halbiert	Ja	3	40 Minuten	2 ¼
Erbsen, ganz	Ja	3	1 ½ Stunden	2
Pintobohnen	Ja	3	3 ½ Stunden	2
Sojabohnen	Ja	2	20–30 Minuten	2 ½

*Cannellini

BASISREZEPTE

BASISREZEPTE

WISSENSWERTES:
Amaranth ist ein Pseudogetreide, das es geschafft hat, zu den Getreidesorten gezählt zu werden. Das kleine Powerkorn gehört eigentlich zu den Fuchsschwanzgewächsen, wie auch Quinoa und Canihua. Die Pseudegetreide sind frei von Gluten.

ÖLFREIES
Amaranth-Granola

Amaranth hat einen speziellen Geschmack. Wer dieses Granola herstellt, sollte sichergehen, Amaranth auch zu mögen. Ansonsten lieber durch Quinoa, Hanfsamen oder vergleichbare Zutaten ersetzen. Auch Schokolade, Zimt oder Nüsse harmonieren in diesem Rezept gut.

DU BRAUCHST

- 2 Tassen (130 g) Haferflocken
- 1 Tasse (65 g) Reisflocken
- ½ Tasse (35 g) Kokosflocken
- 1/3 Tasse (50 g) Amaranth
- 2 große Prisen Salz
- ½ TL Vanille
- 1 Tasse (90 g) Ahornsirup

 Das Granola lässt sich bis zu 6 Tage in einem luftdichten Glas aufbewahren.

SO GEHT'S

1. Den Ofen auf 180 Grad Umluft vorheizen. Ein Backblech mit Backpapier belegen.
2. Alle Zutaten in einer Schüssel gut vermengen.
3. Masse auf das Backblech geben und – etwa mit einem Glas – zu einer gleichmäßigen, etwa 0,8 cm dicken Schicht pressen.
4. Etwa 10 Minuten backen, bis die Ränder leicht braun werden. Nicht umrühren.
5. Backblech aus dem Ofen nehmen und das Granola mindestens 30 Minuten abkühlen lassen.
6. Granola in Stücke zerbröckeln.

WARUM POWERED DAS KORN NUN?

- Es ist eine Eiweißbombe
- Es enthält die essenziellen Fettsäuren Omega 3 und 6
- Es wirkt Cholesterin entgegen
- Es enthält die seltene Aminosäure Lysin

Amaranth besitzt auch den Snack-Bonus, man kann es poppen, wie Popcorn.

BASISREZEPTE

Ofen-Geröstetes

ÖLFREI

DU BRAUCHST

Ein oder mehrere Gemüsesorten sowie Hülsenfrüchte:

Kartoffeln, Karotten, Brokkoli, Blumenkohl, Mais, Kichererbsen, Bohnen u. a.

Marinade:

Aquafaba – das Wasser aus Kichererbsengläsern

Gewürze:

Chili- und Tomatenflocken

Getrockneter Dill

Knoblauchpulver

Salz und Pfeffer

Weitere Lieblingsgewürze

SO GEHT'S

1. Ofen auf 200 Grad Umluft vorheizen. Ein Backblech mit Backpapier belegen.
2. In einer Schüssel Aquafaba mit den Gewürzen verrühren.
3. Ofengemüse mit der Marinade vermengen und auf dem Blech verteilen. Das Blech in das untere Drittel des Backofens schieben. So lange backen, bis das Gemüse gar ist.

Diese Zubereitungsmethode eignet sich prinzipiell für alle Zutaten, die in eine Buddha Bowl kommen und im Ofen zubereitet werden. Je niedriger die Ofentemperatur, desto mehr Vitamine bleiben erhalten.

TIPP: Wer mag, kann die Zutaten die letzten Minuten auch grillen.

WISSENSWERTES:
Wer eine ölarme Ernährung vorzieht, der findet im Kichererbsen- oder Maiswasser einen geeigneten Ölersatz (Aquafaba). Dazu einfach das Wasser aus den entsprechenden Weckgläsern aufbewahren und bis zum Einsatz in den Kühlschrank stellen.

OBENDRAUF ODER NEBENDRAN:

Dressingrezepte

DRESSINGREZEPTE

1. *Fettarme Mayonnaise*
2. *Fettarmes Caesar-Dressing*
3. *Hummus*
4. *Hummus-Variationen*
5. *Süßes Kokosmus-Dressing*
6. *Erdnuss-Zitronen-Dressing*
7. *Zucchini-Ranch-Dressing*

....

Ein Salat wird erst durch sein Dressing zu einem Unicorn. Unicorn, das Einhorn, steht in Amerika für alles, was besonders und einzigartig ist. Meine Vorliebe und damit die Besonderheit der Dressings liegt darin, dass sie ölfrei sind. Mache ich mir ich ein leichtes Essen, bevorzuge ich auch ein leichtes Dressing und fühle mich danach – wie soll es auch anders sein – leicht und gut. Jedoch dürfen bei den Bowls beispielsweise das Erdnuss-Zitronen- oder das Süße Kokosmusdressing auch nicht fehlen. Wie bei allen Rezepten können die Dressings je nach Unicorn-Befinden kreativ mit Gewürzen oder zusätzlich reinpüriertem Obst und Gemüse abgeändert werden.

Für Experimentierfreudige habe ich noch ein 3-Zutaten-Lieblingsdressing: 2 Bananen püriert mit dem Saft von 1 Zitrone und einer Menge Basilikum oder Minze. Schmeckt hervorragend zu fruchtigen Salaten und Bowls.

In mache mir Dressings gern auf Vorrat. In der Regel steht in meinem Kühlschrank immer eine sehr große (0,75-Liter-) Flasche mit selbstgemachtem Dressing. Dazu die Dressings einfach in eine Glasflasche mit Schraubverschluss füllen und im Kühlschrank je nach Dressing zwischen 3–6 Tagen aufbewahren. Vor dem Gebrauch nochmals schütteln.

DRESSINGREZEPTE

Fettarme Mayonnaise
MIT SEIDENTOFU

DU BRAUCHST

300 g Seidentofu

Saft von ½ Zitrone

1 EL Reisessig

alternativ mehr Zitronensaft

2–3 EL Tamari-Soße

1 EL Senf

1½ EL Ahornsirup

Getrocknete Salatkräuter (Petersilie, Dill, Schnittlauch)

Salz zum Abschmecken

SO GEHT'S

1. Tofu abtropfen.
2. Alle Zutaten in einen Mixer geben und pürieren. Mit Salz abschmecken.

 In einem luftdichten Glas im Kühlschrank lässt sich die Mayonnaise bis zu 1 Woche aufbewahren.

WISSENSWERTES:

Soja ist in letzter Zeit sehr in Verruf geraten. Einerseits aus umweltpolitischen Gründen, andererseits wegen gesundheitlicher Aspekte. Zumindest den gesundheitlichen Bedenken kann ich guten Gewissens widersprechen. Solange die Sojabohne biologisch und frei von Gentechnik angebaut wird, ist sie für uns sogar sehr gesund. Auch ist sie mit einem vollständigen Aminosäuren-Profil die stärkste pflanzliche Eiweißquelle, die zudem in Deutschland und Frankreich wächst.

Das Problem bei der Sojabohne ist ihre prozessierte Verwendung in Produkten wie Tofu oder Tempeh. Achtet man darauf, dass die Inhaltsstoffe frei von künstlichen Zusätzen sind, kann man gern zugreifen. Von Produkten, bei denen man die Hälfte der Inhaltsstoffe nicht versteht, lässt man lieber die Finger.

Mit der Nachfrage an Sojabohnen steigt auch die Produktion und damit die Kritik am Anbau der Pflanze. Jedoch werden lediglich 2 Prozent des Sojas für Lebensmittel des Menschen verwendet. Den Rest des Ertrags verwenden wir als Futtermittel für die Massentierhaltung. Hierfür wiederum werden große Flächen an Regenwald gerodet und gentechnisch manipuliertes Saatgut verwendet. Essen wir nun beispielsweise eine entsprechend gefütterte Kuh und trinken wir ihre Milch, essen wir Soja indirekt mit, und dies mit einem deutlich schlechteren ökologischen Fußabdruck. Die Klimabilanz eines Getreidedrinks wie Soja- oder Hafermilch oder des Tofus anstelle der Kuh ist um ein Vielfaches besser.

DRESSINGREZEPTE

KÜCHENTIPP:
Das Dressing schmeckt auch mit hartem Tofu und Zwiebeln sehr lecker. Wird getrocknete anstelle frischer Petersilie verwendet, hält das Dressing noch länger.

Caesar-Dressing
FETTARM

DU BRAUCHST

150 g Seidentofu

Saft von 1–2 Zitronen,

alternativ 80 ml weißer Essig

50 ml Gemüsebrühe

2 EL Ahornsirup

4 EL Tamari-Soße

1 Knoblauchzehe,

alternativ Knoblauchpulver

½ Tasse frische Petersilie

1 EL Senf

Salz zum Abschmecken

Optional: 2 EL Hefeflocken,

1 kleine Handvoll Cashewnüsse

Walnüsse

SO GEHT'S

Alle Zutaten in einem Mixer zu einer cremigen Soße mixen und mit Salz abschmecken.

HEALTH FACT:
Hefeflocken, das Beauty-Wohlfühlplus. Die Hefeflocken verleihen der Soße einen etwas würzigen Parmesangeschmack. Besonders gefallen mir jedoch die inneren Werte, die Vitamine B und Mineralstoffe. Die Nährstoffzusammensetzung ist Balsam für unsere Nerven, unsere Muskeln und sorgt für einen reibungslosen Stoffwechsel. Dazu kommt das Beautyplus für Haut, Haare und Nägel.

 In einer luftdichten Flasche lässt sich das Dressing bis zu 4 Tage im Kühlschrank aufbewahren.

DRESSINGREZEPTE

Hummus

AUS KICHERERBSEN

DU BRAUCHST

300 g Kichererbsen

2-3 Knoblauchzehen

Saft von 1 Zitrone

4 EL Tahini-Creme

1 TL grobes Meersalz zum Abschmecken

 Hummus hält sich im Kühlschrank bis zu 4 Tage.

SO GEHT'S

1. Kichererbsen über Nacht einweichen und am nächsten Tag abseihen.
2. Kichererbsen etwa 40 Minuten auf dem Herd in frischem Wasser köcheln, anschließend abgießen und etwa 3-4 EL Kichererbsenwasser auffangen.
3. Kichererbsen anschließend schälen. Knoblauch ebenfalls schälen.
4. Alle Zutaten zusammen mit dem aufgefangenen Kichererbsenwasser zu einer Creme mixen. Je nach Mixerstärke muss beim Pürieren mehr oder weniger Kichererbsenwasser hinzugefügt werden. Mit Salz abschmecken.
5. Vor dem Servieren Hummus in einer Schüssel etwa 30 Minuten im Kühlschrank kaltstellen.

WISSENSWERTES:

Das Einweichen der Kichererbsen verkürzt die Kochdauer und das Schälen der Kichererbsen ist ein Geheimtipp meines Freundes, dem Chefkoch Rafael. Es verbessert den Geschmack um ein Vielfaches! Das Kichererbsenwasser ersetzt das Öl. Je nach Mixerkraft kann mehr oder weniger verwendet werden.

DRESSINGREZEPTE

DRESSINGREZEPTE

DRESSINGREZEPTE

Hummus-Variationen

MIT ROTER BETE, HARISSA & TOMATEN

Das Grundrezept kann kreativ abgeändert werden. Wer beispielsweise keine Kichererbsen mag, kann Saubohnen nehmen, wer Rosa gern hat, verwendet Rote Bete, und wer maghrebinisch liebt, greift zu Harissa und Tomaten.

DRESSINGREZEPTE

Süßes Kokosmus-Dressing

MIT AHORNSIRUP

DU BRAUCHST

2 EL Kokosmus

1 EL Ahornsirup

Saft von 1 Zitrone

Saft von ½ Orange

3-4 EL warmes Wasser

SO GEHT'S

1. Kokosmus im Wasserdampfbad erwärmen oder an einen warmen Platz (Heizung, Sonne) stellen, bis es flüssig ist.
2. Restliche Zutaten dazugeben und gut verrühren.

 Im Kühlschrank hält das Dressing knappe 2 Wochen. Weil es beim Kühlen aushärtet, muss es vor der erneuten Verwendung kurz erwärmt werden.

KÜCHENTIPP:
Das Kokosmus besteht aus dem Fruchtfleisch der Kokosnüsse und erinnert geschmacklich an Bounty oder Raffaelos. Ich nutze das Mus auch gern als Glasur. Dafür verzichte ich teilweise sogar ganz auf das Wasser und nehme dafür alle anderen Zutaten in höherer Konzentration. Auch als Soße in der asiatischen Küche oder in Joghurt und Smoothies macht es sich wunderbar.

DRESSINGREZEPTE

HEALTH FACT:
Das Mus hat in der Regel Rohkostqualität und enthält Eiweiß, wertvolle ungesättigte Fettsäuren und Kohlenhydrate. Wer die Rohkostqualität beibehalten möchte, sollte das Mus nicht höher als 42 Grad erhitzen.

DRESSINGREZEPTE

Erdnuss-Zitronen-Dressing

MIT ERDNUSSMUS

DU BRAUCHST

2 EL Crunchy Erdnussmus

Saft von 1 großen Zitrone

3 EL Tamari-Soße

3 EL warmes Wasser

2 EL Ahornsirup, alternativ Dattelsirup

Optional: 1 TL Knoblauchpulver,

Chiliflocken

 Das Dressing lässt sich bis zu 1 Woche im Kühlschrank aufbewahren.

SO GEHT'S

Alle Zutaten so lange vermischen, bis sich das Erdnussmus aufgelöst hat.

TIPP: Wer zufällig auf eine grüne Papaya stößt, sollte das Dressing unbedingt mit Papayasalat testen – in Kalifornien ein Must-have-Salat.

DRESSINGREZEPTE

Zucchini-Ranch-Dressing

MIT RIESENBOHNEN

DU BRAUCHST

50 g Zucchini

100 ml Essig

80 ml Mandelmilch

150 ml Gemüsebrühe

40 g weiße Riesenbohnen, alternativ Joghurt

2 TL Senf

2-3 EL Ahornsirup

2 TL Salatkräuter (Petersilie, Dill oder eine fertige Mischung)

 Abgefüllt in eine Flasche kann die Soße bis zu 1 Woche im Kühlschrank aufbewahrt werden.

SO GEHT'S

1. Die Riesenbohnen nach Packungsbeilage zubereiten.
2. Zucchini waschen und in Würfel schneiden.
3. Mit den anderen Zutaten in einem Standmixer zu einer Soße zerkleinern.

KÜCHENTIPP:
Mir schmeckt das Dressing superlecker mit selbst gekochten Saubohnen. Das Dressing funktioniert mit jeglichem Essig. Ich nehme gern Apfelessig, da dieser basisch wirkt. Geschmacklich kommt er jedoch an den Balsamicoessig nicht ran.

DRESSINGREZEPTE

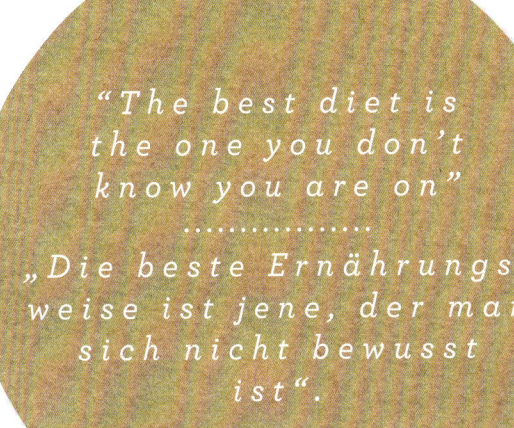

"The best diet is the one you don't know you are on"
....
„Die beste Ernährungsweise ist jene, der man sich nicht bewusst ist".

Brian Wansink

Wir setzen uns ins Auto, fahren los, bleiben stehen. Der Tank ist leer. Ärgerlich!
Das kann uns mit den Rohkostbowls nicht passieren. Sie versorgen uns mit Turboantrieb und bringen uns sicher durch den Tag. Und wenn wir unseren Tag gleich turbo starten, fällt es uns viel einfacher, bis abends motiviert und gesund durchzuhalten. Je besser der Kraftstoff, desto weiter und schneller vorwärts kommen wir. Die Rohkost-bowls liefern uns den Antrieb für Spitzenleistung und sorgen für eine hochwertige Abwechslung zu den gekochten Mahlzeiten.

....

LET'S START

Booowling!

GESUNDER START:
Frühstücks-bowls

FRÜHSTÜCKSBOWLS

1. *Kokos Delight*
2. *Power Bowl mit Chia-Samen*
3. *Zoats Bowl mit Zucchini*
4. *Golden Colada mit Kurkuma*
5. *Chlorophyll Bowl mit Mangold und Spinat*
6. *Chia-Pudding mit Beeren und Kokosnuss*
7. *Chai Bowl mit Buchweizen*
8. *Ocean Bowl mit Spirulina-Alge*
9. *Exotische Acai Bowl mit Acai-Pluver*
10. *Wohlfühl-Bowl mit Sanddorn*

....

Alle Frühstücksbowls sind nicht nur morgens ein Volltreffer. Sie eignen sich auch bestens als On-The-Go-Mahlzeit, wenn ich den ganzen Tag unterwegs bin. Dazu fülle ich mir die Smoothies oder Porridge-Bowls gern in Gläser ab. Das schmeckt nicht nur, sondern sieht auch schön aus! Und praktisch ist es allemal: Denn die Müslis können auch am Vorabend zubereitet, abgefüllt und über Nacht im Kühlschrank aufbewahrt werden.
Rohkosthaferflocken sind in Deutschland nur schwer zu bekommen. Mit einer Hafermühle kann man sie jedoch schnell und einfach selbst herstellen. Das Gute daran: Die Qualität der Haferflocken wird dadurch noch verbessert!

Für einige Rezepte werden gefrorene Bananen verwendet. Es lohnt sich immer, ein paar Bananen im Gefrierschrank auf Vorrat zu haben. Dazu reife Bananen schälen, in 2 bis 5 cm dicke Stücke schneiden und in einem Gefrierbeutel oder in einer Tupperbox einfrieren. Vor dem Verschließen die Luft aus dem Beutel pressen. Die Bananen sind so 3 bis 4 Monate haltbar.

FRÜHSTÜCKSBOWLS

Kokos Delight

MIT KOKOSJOGHURT

DU BRAUCHST

1 Banane

½ Mango

1 Tasse Ananas

3 EL Kokosjoghurt

½ Tasse Orangensaft

1 Msp. Vanille

Toppings:

Dattelsirup, Kokosflocken, Amaranth,

Poppies, Himbeeren , Walnüsse

SO GEHT'S

1. Obst in beliebige Größe schneiden.
2. Mit Joghurt, Orangensaft, Vanille und den Toppings servieren.

KÜCHENTIPP:
Das Kokosjoghurt kann auch ganz einfach selbst zubereitet werden. Dazu einfach 1 Kokosnussmilch zum Kochen bringen und 1 TL Agar Agar unterrühren.

FRÜHSTÜCKSBOWLS

Power Bowl

MIT CHIA-SAMEN

DU BRAUCHST

2 Datteln (Medjool)

50 g (Rohkost-)Haferflocken

1 EL Chia-Samen

1 EL Sojaflocken

1 TL Leinsamen

1 Msp. Vanille

200 ml Wasser

50 ml Pflanzenmilch

Toppings:

Banane, Beeren, Kiwi, Apfel, Granola, Kaki, Ahornsirup

SO GEHT'S

1. Die Datteln klein schneiden und in einer Schüssel mit den Haferflocken, Chia-Samen, Sojaflocken, Leinsamen, Vanille und der Flüssigkeit gut verrühren.
2. Nach etwa 15 Minuten erneut umrühren.
3. Das Müsli mindestens 1 Stunde, am besten aber über Nacht in den Kühlschrank geben.
4. Mit den Lieblingstoppings servieren und genießen.

HEALTH FACT:

Sojaflocken schmecken leicht nussig und sind besonders reich an pflanzeneigenem Eiweiß: Ideal für Kraftsportler und den extra Energieschub. Die Chia-Samen und Leinsamen sorgen in dieser Zutatenkombination für den optimalen Omega-3- und Omega-6-Haushalt. Durch das Einweichen der Zutaten werden sie besser bekömmlich und können vom Körper einfacher aufgenommen werden.

FRÜHSTÜCKSBOWLS

Zoats Bowl

MIT ZUCCHINI

Zoats sind eine Mischung aus Zucchini und Oats (Haferflocken). Wer keine Zucchini mag, kann auch mal Coats testen. Da hätten wir dann Karotten (Carrots) und Oats. Liebhaber des warmen Frühstücks können die Zoats auch kochen.

DU BRAUCHST

50 g (Rohkost-)Haferflocken

2 Datteln (Medjool)

1 Msp. Zimt

150 ml Wasser

1 Apfel

½ Zucchini

50 ml Orangensaft

1 Banane

Toppings:

Beeren, Kokosflakes, Banane

SO GEHT'S

1. Datteln klein schneiden und mit Haferflocken und Zimt im Wasser in einer Schüssel über Nacht oder 1 Stunde am Morgen einweichen.
2. Apfel und Zucchini reiben und unterrühren. Orangensaft untermengen. Banane klein schneiden und hinzugeben, ein paar Scheiben zum Garnieren übrig lassen.
3. Mit Beeren, Banane und Kokos servieren.

HEALTH FACT:
Mixe 1 TL Maca-Pulver in die Zoats, so bekommst du einen extra Energieschub.

FRÜHSTÜCKSBOWLS

Golden Colada

MIT KURKUMA

DU BRAUCHST

2 Bananen, gefroren

1 Tasse Mango, gefroren und gewürfelt

3 EL Kokosnussmilch

1,5 cm dickes Stück Kurkumawurzel, alternativ 1 TL Kurkumapulver

1 Zweig Minze

Toppings:

Kokosflakes, Granatapfel, Granola (Seite 37)

SO GEHT'S

1. Alle Zutaten in einem Standmixer zu einer cremigen Masse pürieren. Je nach Mixerkraft die Bananen etwas antauen lassen oder etwas Flüssigkeit dazugeben.

2. In einer Schüssel mit den Lieblingstoppings servieren.

HEALTH FACT:

Die Wurzel-Power: Kurkuma erlebt seit Längerem einen goldenen Hype. Sie stammt ursprünglich aus Indien und Südostasien und wird seit Jahrtausenden in der traditionellen chinesischen Medizin sowie im Ayurveda als Heilmittel verwendet. Sie ist bekannt dafür, dass sie

- das Immunsystem stärkt
- die Verdauung fördert
- Entzündungen hemmt
- als Brain Food gegen Gedächtnisverlust wirkt

Wer mag, darf auch gern mehr in die Bowl mixen.

* TIPP:
Ich nehme am liebsten die Vollfettvariante, da Curcumin fettlöslich ist und so besser aufgenommen werden kann.

FRÜHSTÜCKSBOWLS

Chlorophyll Bowl

MIT MANGOLD UND SPINAT

DU BRAUCHST

2 Stangen Spargel

2 Blätter Mangold

5 Blätter Rote Bete

1 Handvoll Spinat

1,5 cm dickes Stück Ingwer

1 Apfel

2 Zweige Minze

1 EL Kokosmehl

1 EL Leinsamen

½ Handvoll Cashewkerne

150 ml Apfelsaft

Toppings:

Amaranth-Poppies, Buchweizen, Apfel

SO GEHT'S

1. Alle Zutaten in einem Standmixer zu einer cremigen Masse pürieren.
2. In einer Schüssel mit den Lieblingstoppings servieren.

HEALTH FACT

Die Chlorophyll Bowl ist überaus gesund. Je mehr Grün verwendet wird, desto besser für den Organismus. Prinzipiell gilt, dass dunklere (dunkelgrüne bzw. dunkelrote) Pflanzen mehr Chlorophyll enthalten als hellere. Wer möchte, dass sein Körper das Chlorophyll der Pflanzen gut aufnimmt, verzichtet in seinem Smoothie auf Obst und Früchte mit Ausnahme von Apfel oder Avocado. Denn alle anderen Sorten verhindern die Chlorophyllaufnahme.

KÜCHENTIPP:
Grüne Smoothies sind natürlich auch mit Obst gemixt überaus gesund. Ich selbst trinke sie fast jeden Tag, oft mische ich Bananen unter. Wer sich also noch nicht so sehr mit grünen Smoothies befreundet hat, verwendet etwas weniger von den grünen Zutaten und ersetzt sie durch (gefrorene) Bananen oder Ananas und gibt Zitronensaft dazu.

FRÜHSTÜCKSBOWLS

Chia-Pudding
MIT BEEREN UND KOKOSNUSS

DU BRAUCHST

2 EL Chiasamen

150 ml Wasser

25 ml Kokosnussmilch

1 Msp. Vanille

100 g Kokosjoghurt (Seite 61)

100 g TK-Beeren, aufgetaut

Kokosblütensirup zum Süßen

Toppings:

Frische Beeren, Kakao-Nibs,

Granola (Seite 37)

SO GEHT'S

1. Die Chia-Samen mit Wasser, Kokosmilch und Vanille etwa 30 Minuten lang einweichen. Zwischendurch immer wieder umrühren, damit keine Klümpchen entstehen.
2. Chia-Pudding mit der Hälfte des Kokosjoghurts verrühren.
3. Die aufgetauten Beeren in eine Bowl geben und den Chia-Kokospudding darüberschichten. Nach Belieben mit Kokosblütensirup süßen.
4. Mit Lieblingstoppings und dem restlichen Kokosjoghurt verzieren.

CHIA-GEL-REISETIPP:

In Kalifornien bin ich mit Chia-Samen und einer halbleeren Orangensaftflasche herumgereist. Vor Wanderungen habe ich die Chia-Samen in den O-Saft gefüllt und als Wandersnack gegessen. Das Chia-Gel dient Sportlern auch bei Marathonläufen. Ich gebe gern noch Zitronensaft dazu. Das schmeckt dann nicht nur besser, sondern hydriert und entgiftet uns zugleich.

HEALTH FACT:
Die Antioxidantien in Chia-Samen und Beeren sorgen für den extra Beauty-Kick. Sie schützen uns vor freien Radikalen und damit vor dem Alterungseffekt.

FRÜHSTÜCKSBOWLS

KÜCHENTIPP: Wer die gelartige Konsistenz der Chia-Samen nicht mag, kann den fertigen Pudding nach dem Einweichen mixen und nochmal etwas stehen lassen, bis er härter wird.

Chai Bowl
MIT BUCHWEIZEN

DU BRAUCHST

20 g Buchweizen

30 g Haferflocken

200 ml Wasser

2 Datteln (Medjool)

½ TL Zimt

1 Prise Piment

1 Prise Nelke

1 Prise Kardamom

1 Prise Salz

½ Apfel

50 g Kokosjoghurt (Seite 61)

Toppings:

Banane, Obst der Saison wie Heidelbeeren, Erdbeeren, Granatapfelkerne,

Maracuja, Kaki, Kakao-Nibs (Rohkost),

Kokosjoghurt

SO GEHT'S

1. Den Buchweizen in einem Sieb waschen.
2. Datteln klein schneiden. Buchweizen und Datteln gemeinsam mit den Haferflocken, Wasser und Gewürzen über Nacht in einer Schüssel einweichen.
3. Apfel raspeln und zusammen mit dem Kokosjoghurt unterrühren.
4. Mit den Lieblingstoppings servieren.

Die Chai Bowl bereite ich oft auch warm zu. Dazu koche ich alle Zutaten auf und lasse sie anschließend auf mittlerer Hitze etwa 8 Minuten köcheln. Der Duft der vielen Gewürze, der beim Kochen aufsteigt, erinnert mich an die Lebkuchen meiner Oma.

KÜCHENTIPP: Wem der Geschmack von Nelke zu streng ist, der ersetzt sie durch Muskatnuss.

FRÜHSTÜCKSBOWLS

Ocean Bowl

MIT SPIRULINA-ALGE

DU BRAUCHST

1 Tasse Ananas, gefroren und gewürfelt

1 Tasse Mango, gefroren und gewürfelt

2 EL Kokosnussmilch

½ TL Spirulina

Optional: etwas Kokosnusswasser

Toppings:

Banane, Kakao-Nibs

SO GEHT'S

1. Alle Zutaten in einem Standmixer gut pürieren. Falls die Masse sich nicht mixen lässt, die gefrorenen Früchte etwas antauen lassen oder etwas Kokosnusswasser hinzugeben.
2. In einer Schüssel mit den Toppings servieren.

DAS OCEAN-PLUS:

Spirulina ist eine blau-grüne Alge, mit der man sein blaues Wunder erleben kann. Denn sie:

- färbt das Essen blau, solange man sie mit weißen Zutaten vermischt
- reduziert den Cholesterin-Spiegel
- leitet Schwermetalle aus
- schützt vor Viren
- wirkt entzündungshemmend
- verlangsamt den Alterungsprozess
- verbessert die Gehirnleistung

 TIPP:
Der Geruch von Spirulina-Pulver erinnert ein wenig an Fischfutter, ist es einmal verarbeitet, verflüchtigt sich dieser Eindruck.

FRÜHSTÜCKSBOWLS

FRÜHSTÜCKSBOWLS

FRÜHSTÜCKSBOWLS

Exotische Acai Bowl

MIT ACAI-PULVER

DU BRAUCHST

2 Bananen, gefroren

100 g Blaubeeren

½ Mango

1 TL Acai-Pulver

50 ml Kokoswasser

Toppings:

Kokosnussflocken, Blaubeeren, Banane, Mango, Granola (Seite 37)

SO GEHT'S

1. Alle Zutaten in einem Standmixer pürieren.
2. Püree in eine Schüssel geben und mit den Lieblingstoppings servieren.

DIE BRASILIANISCHE VERJÜNGUNGSKUR:

Die Acai-Beere stammt aus Brasilien und gilt als Schlankmacher und Faltenkiller. Na prima, sage ich, dann wären wir nach dieser Bowl alle schlank und schön.
Fakt ist: Die Beere ist voller Antioxidantien, die freie Radikale fangen und die Zellerneuerung fördern. Auch wird ihr eine gut sättigende Wirkung nachgesagt. Inwiefern die Beeren uns nun aber schlank machen und verjüngen lassen, bleibt dem Selbsttest überlassen.

KAUFTIPP:

In Kalifornien bekommt man die Acai Bowl an jeder Ecke. Typisch für dort ist, dass sie mit Fruchtpüree hergestellt wird. Nicht ganz so intensiv, aber immer noch köstlich schmeckt eine Bowl mit Acai-Pulver, welches das Fruchtmark ersetzt und auch in Deutschland erhältlich ist. Wer eine echte kalifornische Bowl zubereiten möchte, kann das Acai-Fruchtpüree online bestellen.

FRÜHSTÜCKSBOWLS

Wohlfühl-Bowl
MIT SANDDORN

DU BRAUCHST

50 g Dinkel- oder Haferflocken

1 EL Flohsamenschalen

2 Datteln

1 TL Kokosflocken

200 ml Wasser

150 ml Hafermilch

1 TL reines Sanddornpüree, volle Frucht

1 TL Chufas, gemahlen

Toppings:

Obst der Saison wie Heidelbeeren,

Himbeeren, Erdbeeren, Kiwi,

Maracuja und Kokos

SO GEHT'S

1. Flocken mit Flohsamen, Datteln und Kokosflocken in eine Schüssel geben. Wasser und Hafermilch unterrühren und das Ganze 1 Stunde – oder besser über Nacht – im Kühlschrank einweichen.
2. Sanddornpüree und Chufas unterrühren. Gegebenenfalls nochmals etwas Flüssigkeit hinzufügen.
3. Mit den Lieblingstoppings servieren.

WOHLFÜHLBONUS:

Flohsamen:
Die löslichen Ballaststoffe der Flohsamen regen unseren Magen-Darm-Trakt an und sorgen für das Wohlfühlerlebnis. Aufgrund ihres Quellvermögens unterstützen sie auch unser Sättigungsgefühl und helfen damit, Übergewicht zu reduzieren. Und sie können noch mehr: Sie kämpfen gegen erhöhte Blutzuckerwerte, gegen erhöhte Blutfette und gegen Bluthochdruck.

Chufas:
Erdmandeln oder Chufas sind Wurzelknollen eines tropischen Grases. Sie sind glutenfrei, fördern dank ihrer Ballaststoffe die Verdauung und geben uns einen Extraschub Energie.

SANDDORN – DAS VITAMIN-C-WUNDER:

Sanddorn enthält so ungefähr alles, was wir brauchen, um uns wohl und gesund zu fühlen: Antioxidantien, gesunde Fette, wichtige Vitamine, Aminosäuren etc. Der Vitamin-C-Gehalt der Sanddornbeeren ist etwa zehnmal höher als derjenige von Zitrusfrüchten.

 **TIPP:**
Ich weiche mir jeden Morgen 1–2 EL Flohsamenschalenpulver in Wasser oder Saft ein und trinke das Gel etwa 30 Minuten vor dem Frühstück. Damit ich den Wohlfühl-Bonus völlig ausschöpfen kann, spüle ich mit einem weiteren Glas Wasser nach.

FRÜHSTÜCKSBOWLS

KÜCHENTIPP:
Die Flohsamen quellen in Wasser stark auf und bilden eine gelartige Konsistenz. Im Müsli geht diese größtenteils unter. Wem dies nicht schmeckt, der kann die Flohsamen auch separat vor der Mahlzeit einnehmen.

SCHNELL UND SÄTTIGEND:
Mittagsbowls

MITTAGSBOWLS

1. *Steckrüben-Bowl mit Rosenkohl*
2. *Asia Edamame-Bowl mit chinesischen Pilzen*
3. *Falafel Bliss-Bowl*
4. *Amaranth Tabouleh-Bowl mit Minze*
5. *California Bowl mit Kochbanane*
6. *Glow Bowl mit Avocado*
7. *Happy Bowl mit Maracuja*
8. *Obstige Sommer-Bowl mit Erdbeeren*
9. *Quinoa Bowl mit Roter Bete*
10. *Spicy Veggie-Wings Bowl mit Blumenkohl*
11. *Veggie Burrito Bowl mit Mu-Err-Pilzen*
12. *New Root Bowl mit Kichererbsen*
13. *Glasnudelsalat mit Erdnüssen*
14. *Regenbogen Bliss Bowl mit Bunter Bete*

....

Mittags haben wir meist nicht so viel Zeit und es sollte schnell gehen. Dafür haben wir zum Glück die schnellen Mittagsbowls, die sich einem engen Zeitfenster recht gut anpassen. Damit ich Zeit spare, nehme ich gern auch mal die Kidneybohnen oder Kichererbsen aus dem Glas, gewaschenen Salat vom Vortag und Kartoffelreste oder vorgekochte Quinoa aus der Tiefkühltruhe. Den vorbereiteten Salat bewahre ich in einem Frischbeutel oder einer Stofftasche auf. Da fühlt er sich wohl und bleibt schön knackig.

Ebenso wie die Frühstückbowls lassen sich die Mittagbowls hübsch verpacken und mitnehmen. Ich fülle sie am liebsten in Glasboxen ab und nehme noch ein extra Döschen für das Dressing. Ihr könnt euch vielleicht vorstellen, wie voll mein Rucksack immer mit Frühstücks- und Mittagsbowls ist. Dafür bin ich dann aber rundum glücklich. Klingt superkitschig, ich weiß.

MITTAGSBOWLS

✱ TIPP:
Wer den ausgeprägten Rosenkohlgeschmack abmildern will, kann anstelle von Salz eine Prise Zucker verwenden.

Steckrüben-Bowl

MIT ROSENKOHL

DU BRAUCHST

1 Handvoll Brokkoliröschen

½ Steckrübe, geschält und gewürfelt

2 Handvoll Rosenkohl

2 Handvoll Feldsalat

50 g Quinoa

Saft von ½ Zitrone

Salz und Pfeffer zum Abschmecken

Toppings:

Cashewnüsse, Radieschen, Petersilie, süßer Balsamicoessig

Optional: Mit Caesar-Dressing (Seite 45) verfeinern

SO GEHT'S

1. Backofen auf 180 Grad Umluft vorheizen. Ein Backblech mit Backpapier auslegen.
2. Das Gemüse putzen.
3. Brokkoli im Backofen nach Grundrezept (Seite 38) rösten.
4. In der Zwischenzeit die Quinoa nach Packungsbeilage oder Grundrezept (Seite 33) kochen.
5. Die Steckrübenwürfel in Salzwasser ca. 15–20 Minuten bissfest garen.
6. Den geputzten Rosenkohl 5–7 Minuten in Salzwasser garen.
7. Einen Teller mit Feldsalat füllen, darauf Brokkoli, Steckrüben, Rosenkohl sowie Quinoa anrichten. Zitronensaft darüberträufeln und mit Salz und Pfeffer abschmecken.
8. Mit den Toppings verzieren und servieren.

WISSENSWERT:

Die Steckrübe, auch Butterrübe, ist ein uraltes Gemüse und mittlerweile fast in Vergessenheit geraten. Dabei hat sie jede Menge gute Inhaltsstoffe, darunter stark krebshemmende Antioxidantien.

KÜCHENTIPP:

Für die schnellere Zubereitung gibt es die Steckrübenwürfel auch schon küchenfertig zu kaufen. Sie müssen dann nur noch in etwas Salzwasser gegart werden.

Asia Edamame Bowl
MIT CHINESISCHEN PILZEN

DU BRAUCHST

½ Tasse weiße chinesische Pilze (Morcheln), getrocknet

½ Tasse Edamame, TK

2 Handvoll gemischter grüner Salat

Toppings:

Kokosflakes, schwarzer Sesam, Kiwi, Sprossen, essbare Blumen

Soße:

Süßes Kokosmus- oder Erdnuss-Zitronen-Dressing (Seite 50, 52)

SO GEHT'S

1. Die chinesischen Pilze nach Packungsbeilage zubereiten.
2. Die gefrorenen Edamame 4–5 Minuten in Salzwasser kochen, anschließend abgießen.
3. Salat waschen. In einer Schüssel Pilze und Edamame mit dem Salat anrichten.
4. Mit Kokosflocken, schwarzem Sesam, Kiwi, gewaschenen Sprossen und Blumen toppen.
5. Mit Süßem Kokosmus- oder Erdnuss-Zitronen-Dressing servieren.

WO GIBT'S WAS?

Blütenpracht:

Die essbaren Blumen sind auf dem Markt, im Supermarkt in ausgewählten Salatmischungen oder im Blumenladen erhältlich. Online kann man entsprechende Blumensamen bestellen und sie dann selbst groß ziehen. Sie sind sehr gesund und schmecken auch so.

Edamame:

Die in Kalifornien so beliebten Edamame-Bohnen gibt es bei uns als Tiefkühlprodukt in großen Supermärkten oder beim Asiaten zu kaufen.

 **TIPP:**
Bio-Kiwis können mit Schale verzehrt werden. In ihr stecken wertvolle Ballaststoffe und Vitamin C. Am Anfang ist das noch recht ungewohnt. Meine Empfehlung: mit den goldenen beginnen, denn die haben eine glatte Schale.

WISSENSWERTES:
Kalifornien scheint nicht nur der Staat für allerlei tropische Früchte zu sein, sondern auch für Pilze. Pilze, die es dort frisch zu kaufen gibt, sind hierzulande meist getrocknet zu finden – eine praktische Sache, weil sie sich gut aufbewahren lassen. Die weißen Morcheln ähneln im Geschmack den gängigeren schwarzen Morcheln, bekannt als Mu-Err-Pilze.

MITTAGSBOWLS

Falafel Bliss Bowl

✱ TIPP:
Wenn bei mir Falafel übrig bleiben, verwende ich diese für die Glow Bowl (Seite 92). Die Falafel schmecken auch top mit dem Erdnuss-Zitronen-Dressing (Seite 52). So bekommt man sie oft in Kalifornien serviert.

DU BRAUCHST

1 Handvoll Radicchiosalat, in Streifen geschnitten

1 Handvoll Feldsalat, gewaschen

Falafel:

200 g Kichererbsen aus dem Glas plus Flüssigkeit

¼ Tasse Petersilie

1 kleine Knoblauchzehe

½ TL Curry

4 EL Kichererbsenmehl

½ Stange Lauchzwiebel

Salz und Pfeffer zum Abschmecken

4 EL schwarzer Sesam zum Panieren

Blumenkohlreis:

½ kleinen Blumenkohl, gewaschen

1 Stück Rote Bete, gewaschen

Saft von ½ Zitrone

⅛ Avocado

Salz zum Abschmecken

Topping:

Sprossen

Tahini-Spread:

1 EL Tahin

1 EL warmes Wasser

1 EL Zitronensaft

½ EL Ahornsirup

Salz zum Abschmecken

SO GEHT'S

Falafel:

1. Den Ofen auf 180 Grad Ober-/Unterhitze vorheizen. Ein Backblech mit Backpapier belegen.
2. Alle Zutaten für die Falafel, bis auf die Lauchzwiebel, in eine Küchenmaschine oder einen Standmixer geben. Pürieren, bis ein Teig entsteht. Die Lauchzwiebel waschen, in Ringe schneiden und mit dem Teig verkneten.
3. Mit den Händen oder einem Löffel flache Falafel formen. Einen Teller nehmen und mit Sesam bestreuen. Die Falafel kurz von beiden Seiten im Sesam wenden.
4. Auf das Backblech legen und im Ofen ca. 10–15 Minuten backen. Die Falafel sind fertig, sobald die Ränder goldbraun werden.

Blumenkohlreis:

5. Den Blumenkohl mit einem Messer in grobe Stücke schneiden. Von der Roten Bete ein paar Späne mit einem Sparschäler entfernen.
6. Den Blumenkohl zusammen mit den Rote-Bete-Spänen in einer Küchenmaschine oder mit einem Zauberstab zu „Reis" zerkleinern. Mit etwas Zitronensaft, Avocado und Salz abschmecken. Anschließend nochmals kurz pürieren.

Bowl:

7. Feldsalat und Radicchio in eine Schüssel geben. Mit etwas Zitronensaft und eventuell Salz und Pfeffer abschmecken.
8. Blumenkohlreis und Falafel dazugeben. Tahini-Soße anmischen. Die Bowl mit Sprossen und Tahini-Soße toppen und servieren.

LILA WUNDER: Wer hat, kann für den Blumenkohlreis den lila Blumenkohl verwenden und sich an das lila Wunder erinnern. Die rote Bete kann dann weggelassen werden.

Amaranth Tabouleh Bowl

MIT MINZE

DU BRAUCHST

80 g Amaranth

1 Handvoll Cocktailtomaten

1 Handvoll frische junge Erbsen

¼ Tasse Minze

¼ Tasse Petersilie

¼ Avocado

1 Knoblauchzehe

Saft von ½ Zitrone

Soße:

Caesar-Dressing oder Tahini-Spread

(Seite 45, 87)

SO GEHT'S

1. Amaranth nach Packungsbeilage oder Grundrezept (Seite 33) in Gemüsebrühe mit der ganzen, geschälten Knoblauchzehe kochen.
2. In der Zwischenzeit die Cocktailtomaten waschen und vierteln. Erbsen schälen. Kräuter waschen, Minzeblättchen abzupfen und Petersilie hacken. Alle Zutaten in eine Bowl füllen.
3. Avocado schälen, in Spalten schneiden und zusammen mit dem Tahini Spread bzw. Caesar-Dressing darübergeben. Mit Zitronensaft beträufeln und servieren.

DER EIWEISSTURBO DER INKAS:

Amaranth ist neben Quinoa das Pseudogetreide Nummer eins der Sportler. Neben dem Eiweißturbo liefert es uns auch alles andere, was wir brauchen, um glücklich zu sein, siehe Amaranth-Granola (Seite 37).

✻ TIPP:
Die Knoblauchzehe kann optional nach dem Kochen wieder herausgenommen werden.

MITTAGSBOWLS

HEALTH FACT:

Die California Plantain, eine bestimmte Sorte der Kochbanane, habe ich vermehrt in Kalifornien gegessen. Dort bekommt man sie meist mit Kokosöl frittiert oder gebacken. Sie erinnert etwas an Teig, außen knusprig, innen weich. Sie dient dort ebenso gekocht als Grundbeilage für viele Gerichte.

California Bowl

MIT KOCHBANANE

DU BRAUCHST

4 (250 g) blaue Kartoffeln

½ Kochbanane, mittelbraune Schale

40 g Edamame, TK

1 kleine Zucchini

¼ Avocado

1 Handvoll Rotkohl,
in Streifen geschnitten

Toppings:

Frischer Koriander, Minze, weißer Sesam

Soße:

Erdnuss-Zitronen-Dressing (Seite 53)

* TIPP:
Die übrige Bananenhälfte verwende ich meist für das Dessert Kurkuma-Latte-Polenta (Seite 155).

SO GEHT'S

1. Kartoffeln in Salzwasser ca. 20 Minuten kochen. Mit einer Gabel testen, ob sie gar sind, ggf. die Kochzeit verlängern. Wasser abschütten, die Kartoffeln etwas abkühlen lassen, schälen und klein würfeln.
2. Die Edamame ebenfalls 4–5 Minuten in Salzwasser kochen und abgießen.
3. Zucchini waschen und durch einen Spiralschneider drehen. Avocado schälen und in Scheiben schneiden.

Kochbanane:

4. Die Kochbanane mit Schale in etwa 10 cm dicke Stücke schneiden und ca. 10 Minuten in Wasser kochen. Die Bananenstücke sind fertig, sobald sich die Schale der Banane am Rand ein wenig vom Fruchtfleisch zurückzieht.
5. Die Banane aus dem Wasser nehmen, Schale an einer Seite aufschneiden und entfernen. Die gehäuteten Stücke in 5 cm dicke Scheiben halbieren.

Bowl:

6. Kartoffeln, Edamame, Zucchini-Nudeln, Avocado, Kochbanane und Rotkohl in eine Schüssel geben. Mit den Toppings und dem Dressing servieren.

KOCHBANANEN

enthalten etwa 25 Prozent weniger Wasser als herkömmliche Obstbananen, sind weniger süß, fruchtiger und aromatischer. Es gibt sie in drei Reifegraden, die bei unterschiedlichen Gerichten zum Einsatz kommen: Die unreifen Bananen mit grüner Schale sind sehr stärkehaltig, erinnern an Kartoffeln und eignen sich beispielsweise für Chips oder Suppen; die mittelreifen Exemplare mit gelbbrauner bis mittelbrauner Schale machen sich hervorragend in Fufu, Bananenbrei oder als jegliche Beilage; vollreife Bananen mit schwarzer Schale sind super in süßen Speisen wie Puddings und Nicecreams, werden aber auch einfach gekocht.

LILA SÜSSKARTOFFELN

findet man überall in Kalifornien. Bei uns als blaue Sorte im Handel ist die französische Trüffelkartoffel namens 'Vitelotte'.

DU BRAUCHST

4 Falafel, gewürfelt

80 g Rosenkohl

¼ Stück Gurke

½ Avocado, der Länge nach halbiert

1 Handvoll Radicchiosalat

1 Tasse Blumenkohlreis

Saft von 1 frischen Zitrone

Tofu:

80 g fester Bio-Tofu (natur)

2 El Kokosnussmilch

2 EL Tamari-Soße

1 EL Kokosblütenzucker

½ TL Curry

Optional: ½ TL Knoblauchflocken

Toppings:

Blaubeeren, Schwarzkümmel

TIPP:
Das gehaltvolle Innenleben der Avocado lässt sich mit etwas Zitrone auch gut als Gesichtsmaske auftragen. Je länger der Tofu mariniert wird, desto schwächer wird sein Eigengeschmack. Mit etwas Zitronensaft on top wird die Avocado weniger schnell braun.

SO GEHT'S

Falafel:
1. Siehe Falafel Bliss Bowl (Seite 86)

Blumenkohlreis:
2. Siehe Falafel Bliss Bowl (Seite 86)

Tofu:
3. Alle Zutaten für die Marinade in einer Schüssel gut vermischen. Tofu würfeln und mit der Hälfte der Marinade mindestens 30 Minuten marinieren. Die übrige Marinade für den Rosenkohl aufbewahren.
4. Der Tofu kann in der Pfanne von beiden Seiten kurz goldbraun angebraten oder roh gegessen werden.
5. Rosenkohl putzen und etwa 5–7 Minuten in Salzwasser garen.
6. Wasser abgießen und den Rosenkohl in der restlichen Marinade wenden.
7. Avocadohälfte in sehr dünne Scheiben schneiden und vorsichtig fächerartig auseinanderziehen. Mit den Händen die Scheiben langsam und behutsam zu einer Spirale einrollen.

Bowl:
8. Die gewaschene Gurke durch einen Spiralschneider drehen oder mit einem Sparschäler spänen.
9. Radicchiosalat waschen und klein schneiden.
10. Salat, Gurke, Rosenkohl, Tofu, Avocadorose und Falafel in der Bowl anrichten und mit den Toppings servieren.

P.S.: Die Kartoffeln sind dabei, weil sie einfach gut aussehen und die Bowl zum Leuchten bringen.

Die Glow Bowl mit ihren Zutaten wie Avocado, Blaubeeren und Rosenkohl ist besonders gut für die Haut. Mit Walnüssen und Fenchel können wir noch ein extra Glow hinzufügen.

Blaubeeren: Antioxidantien schützen vor verfrühter Hautalterung.

Rosenkohl: Vitamin C glättet und verbessert die Haut.

Avocado: Vitamin A ist an der Blutbildung beteiligt und baut eine gesunde Haut auf. Akne Ade!

MITTAGSBOWLS

Glow Bowl
MIT AVOCADO

WISSENSWERTES:
Lavendel wirkt beruhigend, schmeckt blumig herb und macht garantiert lila Laune. Mit der Laune jedoch nicht gleich übertreiben und lieber sparsam verwenden, sonst werden die Geschmacksknospen leicht überstrapaziert.

Happy Bowl

MIT MARACUJA

DU BRAUCHST

200 g Kichererbsen aus dem Glas

50 g Mais aus dem Glas

1 Karotte

1 kleine Zucchini

Toppings:

Feigen, Erdbeeren, Lavendel

Dressing:

1 Maracuja

Saft von ½ Zitrone

1 EL Hefeflocken

Optional: Salz zum Abschmecken

SO GEHT'S

1. Die Kichererbsen in einem Sieb gut durchspülen.
2. Karotte und Zucchini waschen. Die Zucchini durch einen Spiralschneider drehen, die Karotte spänen und zu Röllchen rollen.
3. Eine Bowl mit den Zucchini-Nudeln füllen, Kichererbsen, Mais und Karottenröllchen darauf anrichten. Feige und Erdbeeren in Scheiben schneiden und obendrauf geben.
4. Mit Lavendel, Maracujafleisch, Hefeflocken und Zitronensaft servieren. Gegebenenfalls mit Salz abschmecken.
Happy Bowling!

Die Happy Bowl hat ein paar Glücksgeheimnisse:

• Sie geht schnell

• Sie enthält Lavendel

• Die Karotten sind gerollt

• Süß-Sauer macht lustig und Mitmenschen glücklich

Obstige Sommer-Bowl

MIT ERDBEEREN

DU BRAUCHST

2–3 Handvoll gemischter Salat

150 g Kidneybohnen aus dem Glas

2 EL Mais aus dem Glas

1 orange Karotte

1 violette Urkarotte

1 Handvoll Erdbeeren

1 Handvoll Brunnenkresse

¼ Avocado

Toppings:

Frühlingszwiebel, geröstete Kerne
(Kürbiskerne, Sonnenblumenkerne,
Buchweizen und Sesam, Hanfsamen)

Soße:

Süßes Kokosmus-Dressing (Seite 50)

oder Zucchini-Ranch-Dressing (Seite 54)

SO GEHT'S

1. Den Salat gut waschen und in eine große Bowl geben. Bohnen und Mais ebenfalls gut waschen.
2. Karotten mit einer Gemüsebürste schrubben und mit einem Spiralschneider zu Coodeln (Karotten-Nudeln) verarbeiten und auf den Salat platzieren. Mais und Brunnenkresse ebenfalls darübergeben.
3. Avocado und Erdbeeren in schmale Scheiben schneiden und mit den Kidneybohnen auf dem Salat anrichten.
4. Mit den Toppings und der Salatsoße servieren.

TITEL-BOWL:

Ist es mir mal nach etwas Leichterem zumute, verzichte ich auf die Kidneybohnen und ersetze sie durch Heidelbeeren. Prinzipiell kann die Sommer-Bowl, wie auch die anderen Bowls, nach Herzenslust verändert werden. Mit ihrer schnellen Zubereitung und Vielfalt zählt sie zu meinen Lieblings-Bowls. Um genau zu sein, steht sie sechs- bis siebenmal die Woche, mit Obst und Gemüse der Saison plus Hülsenvariation, auf meinem Tisch.

Zu der Bowl passt auch ein Bananen-Zitronen-Mint-Dressing: Dazu 1 Banane mit dem Saft von 1 Zitrone und 1 Handvoll Minze im Mixer pürieren.

TIPP: Diese Bowl darf vor dem Essen gern auch vermischt werden.

HEALTH FACT:
Hanfsamen oder zusätzlicher Tofu sorgen für die Proteine.

MITTAGSBOWLS

WISSENSWERTES:
Quinoa, das Superkorn oder Gold der Inkas, ist ein wahrer Schatz. Mit ihrem hohen Tryptophan-Gehalt schafft sie es, unser Glückshormon Serotonin zu aktivieren und unsere Laune hinaufzufahren. Amaranth kann das übrigens auch, siehe Seite 13.

Quinoa Bowl

MIT ROTER BETE

DU BRAUCHST

60 g Quinoa

1 Karotte

¼ Avocado

1 Minigurke

Rote Bete:

1 mittelgroße Rote Bete

150 ml Gemüsebrühe

½ TL Speisestärke

½ TL Meerrettich aus dem Glas

3 EL kaltes Wasser

1 Knoblauchzehe, fein gehackt

Auberginen:

½ Aubergine, gewürfelt

Salz, Pfeffer

½ TL Ahornsirup

Chiliflocken

Toppings:

Kürbiskerne, Brunnenkresse

Optional: Fettarme Mayonnaise (Seite 42)

SO GEHT'S

1. Quinoa nach Packungsbeschreibung oder Basisrezept (Seite 33) kochen.

Rote Bete:

2. Rote Bete schälen und würfeln.
3. Gemüsebrühe in einer großen Pfanne mit Deckel zum Kochen bringen. Sobald die Brühe kocht, Rote Bete hineingeben und auf mittlerer Stufe mit Deckel leicht köcheln lassen.
4. Währenddessen die Speisestärke mit Meerrettich und Wasser verrühren.
5. Nach etwa 20–25 Minuten, sprich 5 Minuten bevor die Rote Bete gar ist, die angerührte Speisestärke und die Knoblauchzehe dazugeben. Die übrigen 5 Minuten köcheln lassen.

Auberginen:

6. Eine Pfanne mit etwas Wasser oder Öl auf mittlerer Stufe erhitzen. Auberginenwürfel hineingeben, salzen und pfeffern.
7. Ahornsirup untermengen und das Ganze 10–15 Minuten dünsten. Mit Chiliflocken abschmecken.

Bowl:

8. Karotte waschen und durch einen Spiralschneider drehen. Gurke waschen und in Scheiben schneiden, Avocado würfeln.
9. Alle Zutaten mit den Toppings und eventuell der Mayonnaise in einer Bowl servieren.

Spicy Veggie-Wings Bowl

MIT BLUMENKOHL

DU BRAUCHST

½ Gurke

1 Handvoll Cocktailtomaten

Spicy Wings:

1 kleiner Blumenkohl

Panade:

30 g Mehl

70 ml Gemüsebrühe

½ TL Knoblauchpulver

½ TL Currypulver

Chilipulver

Marinade:

2 EL Crunchy Erdnussmus

2 TL Harissapaste

1 EL Ahornsirup

½ TL Knoblauchpulver

1 TL weißer Essig

Wasser zum Verdünnen

Salz und Pfeffer zum Abschmecken

Topping:

Kresse

Soße:

Zucchini-Ranch-Dressing (Seite 54)

Spread:

Hummus (Seite 46)

Harissa-Hummus (Basisrezept

mit etwas Harissapaste verfeinern)

SO GEHT'S

Spicy Wings:

1. Ofen auf 230 Grad Umluft vorheizen. Backblech mit Backpapier belegen.
2. Blumenkohl sorgfältig in mundgerechte Röschen zerteilen, anschließend waschen und abtropfen lassen.
3. Eine Schüssel nehmen und die Panade darin anrühren. Jedes Röschen einzeln in die Panade tauchen. Anschließend aus der Schüssel nehmen und auf das Backblech legen.
4. Die sorgfältig panierten Röschen im Ofen etwa 20 Minuten kross backen. Je nach Größe sind sie auch schneller fertig. Aus dem Ofen nehmen und kurz abkühlen lassen.
5. In der Zwischenzeit in einer Schüssel die Zutaten der Marinade gut verrühren, alle Klümpchen sollten gelöst sein. Ggf. etwas warmes Wasser verwenden.
6. Nun die Röschen durch die Marinade ziehen und erneut in den Ofen schieben. Weitere 10–20 Minuten goldbraun backen.

Bowl:

7. Gurke waschen und durch einen Spiralschneider drehen.
8. Tomaten waschen, würfeln und mit Gurken-Nudeln, Spicy Wings, Hummus und Kresse anrichten.
9. Mit dem Zucchini-Ranch-Dressing servieren.

WISSENSWERTES:

Die Hot Wings sind derzeit der Renner in den Staaten. Mit dieser Bowl bist du also ganz im neuen Veggie-Trend-Paradies angekommen. Hot Wings, Harissa und Coodles. Okay, Harissa gibt es schon lange und die Courgette Noodles sind auch nicht mehr neu – aber in dieser Kombination ist es schon noch etwas Besonderes, oder?

Die Nebenwirkungen:

Die Wings machen süchtig. Aber das ist in Ordnung so, denn sie sind aus Blumenkohl. Und Blumenkohl ist Kohl. Und Kohl ist so einiges. Besonders reich ist er an Ballaststoffen, Vitaminen A, B, C, K, Mineralstoffen wie Calcium, Magnesium und Spurenelementen wie Eisen. Er ist ein Wintergemüse und das hat auch Gründe. Denn der Kohl – und damit Blumenkohl – aktiviert die Abwehrkräfte und wirkt antibakteriell. Also ran an das wahre Actimel.

MITTAGSBOWLS

Veggie Burrito Bowl

MIT MU-ERR-PILZEN

DU BRAUCHST

50 g schwarzen Reis

1 Handvoll Mu-Err-Pilze, getrocknet

60 g Kidneybohnen aus dem Glas

40 g Mais aus dem Glas

1 Handvoll Paprika, gestiftelt

1 Handvoll Cocktailtomaten

1 Handvoll Gurke, gewürfelt

Saft von ½ Zitrone

Toppings:

Koriander, Romanesco-Röschen, Chili

Soße:

Erdnuss-Zitronen-Dressing (Seite 52)

SO GEHT'S

1. Reis und Mu-Err-Pilze nach Packungsbeschreibung zubereiten. Die Pilze gehen stark auf.
2. Kidneybohnen in einem Sieb gut spülen.
3. Gemüse waschen, Gurke würfeln, Paprika in Streifen und Tomaten in Viertel schneiden.
4. Ein paar Romanesco-Röschen abtrennen.
5. Koriander gut waschen, abtropfen lassen und die Blätter abzupfen. Wer mag, kann auch den Stiel mitessen.
6. Alle Zutaten in einer Bowl anrichten, mit Zitronensaft beträufeln und dem Dressing servieren.

Die Veggie Burrito Bowl ist typisch kalifornisch. Zugegeben, das klingt jetzt etwas widersprüchlich. Doch es gibt da diesen Begriff, Mexikanische Amerikaner – die Amerikaner, die selbst oder deren Vorfahren in Mexiko geboren wurden. Sehr viele leben in Kalifornien und lieben die mexanische Küche. Fast an jeder Ecke kann man sich nach Lust und Laune durch Burritos, Tacos und mexikanische Bowls schlemmen.

KÜCHENTIPP:
Taco-Chips, Tortillas und Guacamole passen ebenfalls vorzüglich zu der Bowl.

New Root Bowl

MIT KICHERERBSEN

DU BRAUCHST

Grünkohl:

120 g Grünkohl

Saft von ½ Zitrone

Optional: 1 Knoblauchzehe

200 g Kichererbsen aus dem Glas

¼ Avocado

Salz und Pfeffer zum Abschmecken

Ein paar Scheiben und Stifte Bunte Bete

Toppings:

Radieschen, Kiwi, Schwarzer Sesam, Kresse

Soße:

Hummus (Seite 46)

SO GEHT'S

Grünkohl:

1. Grünkohl waschen und die Blätter von den holzigen Stielen zupfen. Anschließend in feine Streifen schneiden.
2. Grünkohl, eventuell mit Knoblauch, in einem Dampftopf etwa 30 Minuten garen lassen. Fertigen Grünkohl mit Zitronensaft, Salz und Pfeffer abschmecken. Der Knoblauch kann gepresst und unter den Grünkohl gemischt werden.

Bowl:

3. Kichererbsen in einem Sieb gut abwaschen, abtropfen lassen und mit dem Grünkohl und der Bunten Bete in einer Schüssel anrichten.
4. Avocado in Scheiben schneiden und obendrauf legen. Mit den Toppings und Hummus servieren.

GRÜNKOHL ROCKT:

Grünkohl ist ein unschlagbares Gemüse. Aber wir sprachen ja schon von den Vorteilen des Kohls. Der Star unter den Kohlgewächsen ist jedoch der Grünkohl. Auch weil er nochmal mit seinen Antioxidantien punktet.

MITTAGSBOWLS

WISSENSWERTES:
Die Bunten Beten sind veredelte Rote Beten. Von den New Roots gibt es noch einige mehr. Ein paar davon sind bei der Regenbogen Bliss Bowl mit Bunter Bete (Seite 108) aufgeführt.

MITTAGSBOWLS

Glasnudelsalat

MIT ERDNÜSSEN

DU BRAUCHST

50 g Glasnudeln oder Shirataki-Nudeln

½ Gurke, spiralisiert oder gespänt

1 Karotte, gespänt

½ Tasse frische junge Erbsen

¼ Tasse frische Minze

¼ Tasse Koriander, gerissen

¼ Tasse Erdnüsse, zerstoßen

Frühlingszwiebeln, geschnitten

Soße:

Erdnuss-Zitronen-Dressing (Seite 52)

SO GEHT'S

1. Die Glasnudeln 5 Minuten kochen, anschließend abgießen. Sofort mit dem Dressing vermengen, damit sie nicht zusammenkleben.
2. Gemüse und Kräuter dazugeben und in einer Schüssel mit Erdnüssen und Frühlingszwiebeln servieren. Happy Salating!

KAUFTIPP:

In Kalifornien habe ich anstelle der Glas- oder Reisnudeln immer Kelp-Nudeln gegessen. Kelp-Nudeln sind Rohkostnudeln und bestehen aus der Meeresalge Kelp. Wer sie auch hierzulande finden möchte, sollte am besten beim Asiaten nachfragen, dort ggf. Stammkunde werden oder versuchen, sie online zu ergattern.

MITTAGSBOWLS

Regenbogen Bliss Bowl

MIT BUNTER BETE

DU BRAUCHST

250 ml Gemüsebrühe

70 g Polenta

Optional: Kokosfett und Soja-Soße

Bunte Bete

¼ Avocado

3 Erdbeeren

½ Lauchzwiebel

1 Urkarotte

Saft von 1 Zitrone

Toppings:

Maracuja, Buchweizen, Hanfsamen (geschält), Schwarzkümmel, Pekannüsse

SO GEHT'S

Polenta-Crispies:

1. Ein Backblech mit Backpapier belegen. Gemüsebrühe zum Kochen bringen. Sobald sie aufschäumt, Maisgrieß einrühren und 10 Minuten köcheln lassen. Dabei öfters umrühren.
2. Die Polenta etwa 1 cm dick auf das Backblech streichen und abkühlen lassen. Mit einem Keksausstecher oder Messer die Polenta in die gewünschte Form bringen. Für 10–15 Minuten im Backofen backen. Eventuell mit etwas Kokosfett und Soja-Soße bestreichen.

Bowl:

3. Bunte Bete, Avocado und Erdbeeren in Scheiben, Lauchzwiebel in Ringe schneiden, Karotten spänen. Alle Zutaten in einer Schale anrichten, mit Zitrone beträufeln und mit den Toppings servieren.

DAS GEHEIMNIS DER BUNTEN BETE:

- Die Rote Bete war ursprünglich gelb
- Die Gelbe Bete schmeckt mild und süßlich
- Grüne, lila und pink gestreifte Beten erinnern an Rettich und schmecken ebenfalls mild
- Grüne und Lila Beten sind eigentlich Navetten
- Navetten sind leicht scharfe, rettichartige Speiserüben
- Die pink geringelte Bete heißt Tonda di Chioggia und schmeckt ebenfalls rettichartig
- Die Tonda di Chioggia verliert ihre Kringel beim Kochen
- Sie verliert die Kringel nur, wenn man keine Zitrone ins Wasser gibt

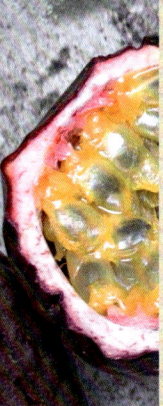

MITTAGSBOWLS

ABENDBOWLS

1. *Mexican Bowl mit schwarzem Reis*
2. *Sushi Bowl mit Vollkornreis*
3. *Makro-Mikro-Bowl mit Hokkaido*
4. *BBQ Bowl mit Kokoschips*
5. *Adzuki Bowl mit Kichererbsen*
6. *Indian Bowl*
7. *Ur-Bowl mit Maronen*
8. *Murasaki Bowl mit Süßkartoffeln*
9. *Cremige Kichererbsen-Bowl mit Kürbis*
10. *Quinoa-Fenchel-Bowl*
14. *Hasselback Bowl*
15. *Fitness Bowl mit Mungobohnen*
16. *Veg-Poke Bowl mit Mango*
17. *Hirse-Bowl mit Veggie-Wings*

....

Natürlich kann man die Reihenfolge umdrehen: Die reichhaltige Bowl kann ebenso mittags gegessen werden und die schnelle abends. Ich selbst bevorzuge eine leichtere Bowl mittags und eine sättigendere abends. So falle ich nicht in das Mittagstief und bin abends bereit für das K.o. Um ins K.o. zu fallen, brauche ich auf jeden Fall eine sättigende Bowl. Aber mal ehrlich, wer kocht schon 30 g Quinoa oder 20 g Grünkern? Ich koche mir gern immer gleich mehr und freue mich zu einem anderen Zeitpunkt über die Reste. Dementsprechend sind auch die reichhaltigen Bowls aufgebaut und besonders dafür gedacht, Reste und vorgekochte Hülsenfrüchte und Getreidesorten zu verwenden oder eine Mehrpersonen-Bowl daraus zu machen. Die meisten Hülsenfrüchte lassen sich auch einfrieren und können an einem Sonntag vorgekocht werden.

Mexican Bowl

MIT SCHWARZEM REIS

DU BRAUCHST

- 50 g schwarzer Reis
- 1 rote Urkarotte
- Ein paar grüne Salatblätter
- 50 g Kidneybohnen aus dem Glas
- 1 Handvoll Korianderblätter
- Salz und Pfeffer zum Abschmecken

Ofengemüse:

- ½ Maiskolben, gekocht
- 1 Handvoll Cocktailtomaten
- 4 rote und gelbe Minipaprika
- Marinade siehe Grundrezept (Seite 38)
- Optional: etwas Kokosöl

Toppings:

- Avocado, scharfe rote Soße, eventuell süßer Balsamicoessig

SO GEHT'S

1. Backofen auf 200 Grad Umluft vorheizen. Reis nach Packungsbeschreibung kochen.

Ofengemüse:

2. In der Zwischenzeit Mais halbieren, Tomaten und Paprika waschen. Gemüse nach dem Grundrezept für Ofen-Geröstetes (Seite 38) zubereiten.

3. Sobald das Gemüse nach 15–20 Minuten beginnt, braun zu werden, aus dem Ofen nehmen.

4. Karotte und Salat waschen. Salat und Koriander in Stücke zupfen, Karotte spiralisieren. Kidneybohnen in einem Sieb abwaschen.

Bowl:

5. Eine große Bowl mit Salat auslegen und die restlichen Zutaten darauf anrichten. Avocado in Scheiben schneiden und obendrauf geben. Die Bowl mit scharfer Soße sowie eventuell süßem Balsamicoessig servieren. Mit Salz und Pfeffer abschmecken.

SCHWARZER REIS:

Der schwarze Reis kommt ursprünglich aus Asien und gilt als besonders nahrhaft. In ihm tummeln sich Antioxidantien, Proteine und Mineralstoffe wie Eisen. Das volle Korn hat einen leicht nussigen Geschmack und macht sich besonders gut in schwarzem Reispudding.

* TIPP: Im Bioladen gibt es zuckerfreie Soßen.

KÜCHENTIPP:
Je nach Größe können die Paprika im Ganzen im Ofen gegart werden, sind sie zu groß, einfach der Länge nach vierteln. Wer es saftiger mag, kann das rohe Gemüse mit etwas Kokosöl bestreichen.

ABENDBOWLS

Sushi Bowl

MIT VOLLKORNREIS

DU BRAUCHST

100 g Vollkornreis

½ EL Reisessig

½ TL Kokosblütenzucker

1 Handvoll Rotkohl

1 kleine Karotte

¼ Avocado

⅛ Gurke

Saft von ½ Zitrone

⅛ Nori-Blatt

Optional: Tamari-Soße zum Abschmecken

Toppings:

Gerösteter weißer und schwarzer Sesam,

0,5 cm dickes Stück Ingwer, Wasabi

Soße:

Fettarme Mayonnaise oder Erdnuss-Zitronen-Dressing (Seite 42, 52)

SO GEHT'S

1. Reis nach Packungsbeschreibung kochen. Reisessig und Kokosblütenzucker unter den fertigen Reis rühren.
2. In der Zwischenzeit das Gemüse waschen. Rotkohl in feine Streifen schneiden, Karotte mit einem Sparschäler spänen, Avocado würfeln, Gurke in Scheiben schneiden oder ebenfalls würfeln. Den Zitronensaft über das Gemüse träufeln.
3. Fertigen Reis in eine Schüssel füllen, das Gemüse darauf anrichten und Sesam darüberstreuen.
4. Ingwer fein raspeln und mit dem Dressing und Wasabi auf die Bowl geben.
5. Das Nori-Blatt mit einer Schere in schmale Streifen schneiden und – damit es nicht aufweicht – erst kurz vor dem Servieren auf der Bowl verteilen. Tamari-Soße bereithalten. Guten Appetit!

WISSENSWERTES:
Don't roll it, bowl it!
Der Bowl-Trend setzt sich auch beim Sushi durch. Die Sushi Bowl ist die schnelle Sushi-Variante. Das Rollen bleibt einem erspart und die Kochkünste auch.

Makro-Mikro-Bowl

MIT HOKKAIDO

DU BRAUCHST

30 g Quinoa

30 g halbe Erbsen

1 Urkarotte

½ Zucchini

Ofengemüse:

Marinade siehe Grundrezept (Seite 38)

¼ kleiner Hokkaidokürbis

2 kleine Kartoffeln

1 Pak Choi

1 Zwiebel

1 Zweig frischer Thymian

¼ TL Olivenöl

1 TL Schwarzkümmel

Salz zum Abschmecken

Toppings:

Korianderblätter, Granatapfelkerne

Soße:

Hummus, Zucchini-Ranch-Dressing

(Seite 46, 54)

SO GEHT'S

1. Ofen auf 180 Grad Umluft vorheizen. Ein Backblech mit Backpapier belegen.
2. Quinoa und Erbsen nach Packungsbeilage oder Grundrezept (Seite 32) zubereiten.

Ofengemüse:

3. In der Zwischenzeit das Ofengemüse vorbereiten. Hokkaidokürbis und Kartoffeln mit einer Gemüsebürste gut schrubben. Kartoffeln mit der Schale der Länge nach achteln, Hokkaidokürbis entkernen und in ca. 1 cm dicke Streifen schneiden.
4. Pak Choi ebenfalls waschen, halbieren, Zwiebel schälen und vierteln.
5. Die Marinade nach dem Grundrezept vorbereiten. Gemüse darin wälzen. Den Thymianzweig mit Öl beträufeln und mit dem Gemüse auf das Blech legen. Schwarzkümmel über den Hokkaidokürbis streuen.
6. Alles 15–20 Minuten im Ofen goldbraun backen. Die Kartoffelspalten brauchen je nach Dicke 30–40 Minuten.

Bowl:

7. Karotte und Zucchini waschen, spiralisieren und mit den anderen Zutaten in einer großen Schale oder einem tiefen Teller anrichten. Mit Koriander, Granatapfelkernen, Dressing und Hummus servieren.

HEALTH FACT:

Die Bowl darf sich Makro nennen, da sie all unsere Makronährstoffe, sprich Proteine, Kohlenhydrate und Fette, beinhaltet. Damit sind fast alle der im Buch aufgeführten Bowls Makro-Bowls. Mikronährstoffe sind hingegen essenzielle Kofaktoren wie Vitamine, Mineralstoffe und Spurenelemente. Somit haben wir die Makro-Mikro-Buddha-Bowl.

ABENDBOWLS

BBQ Bowl

MIT KOKOSCHIPS

DU BRAUCHST

80 g Tofu

1 EL Tamari-Soße

1 TL Kokosblütenzucker

½ TL Knoblauchpulver

Ofengemüse:

2 kleine Kartoffeln

1 kleine blaue Kartoffel

5 Minikarotten

3 Minipaprika

1 Handvoll Kichererbsen aus dem Glas

1 Handvoll Cocktailtomaten

Kokoschips:

30 g Kokoschips

1 TL Liquid Smoke, alternativ etwas Rauchsalz

1 TL Tamari-Soße, alternativ Soja-Soße

1 TL Ahornsirup

1 TL Wasser

1 Msp. Paprikapulver

2 Handvoll Feldsalat

Toppings:

Koriander oder andere Kräuter nach Belieben

Soße:

Fettarme Mayonnaise (Seite 42)

SO GEHT'S

1. Ofen auf 180 Grad Umluft vorheizen. Ein Backblech mit Backpapier belegen.

Tofu:

2. Tamari-Soße, Kokosblütenzucker und Knoblauchpulver zu einer Marinade verrühren.
3. Tofu in die Marinade geben und beiseite stellen.

Kokoschips:

4. Die Marinade für die Kokoschips herstellen. Dazu Liquid Smoke mit Tamari-Soße, Ahornsirup, Wasser und Paprikapulver mischen.
5. Kokoschips marinieren und beiseite stellen.

Ofengemüse:

6. Gemüse mit einer Gemüsebürste gut putzen.
7. Kartoffel zwischen zwei Stäbchen oder zwei dickere Küchenbretter legen und der Breite nach möglichst fein einschneiden, sodass die Kartoffel unten noch zusammenhängt. Die Stäbchen

ABENDBOWLS

TIPP:
Die Kartoffeln brauchen je nach Größe 35–45 Minuten und können auf einem extra Backblech gebacken werden.

helfen dabei, die Kartoffel nicht durchzuschneiden. Mit den restlichen Kartoffeln wiederholen.

8. Gemüse nach dem Grundrezept für Ofen-Geröstetes (Seite 38) zubereiten. Die Minikarotten und -paprika können am Stück und mit Schale gebacken werden.

9. Die Kartoffeln entweder in der Marinade wälzen oder die Aquafaba-Mischung (Seite 39) mit einem Pinsel in die Spalten streichen. Salz und Pfeffer darüberstreuen.

10. Kokoschips, Kichererbsen, Karotten, Tomaten, Paprika und Kartoffeln auf dem Blech flach auslegen und etwa 15–20 Minuten goldbraun backen. Die Kokoschips und das Gemüse nach halber Zeit umdrehen.

11. In der Zwischenzeit den marinierten Tofu in einer Pfanne von beiden Seiten jeweils etwa 5 Minuten anbraten.

Bowl:

12. Salat gut waschen und in eine Schale oder einen tiefen Teller geben. Mit Kokoschips, Ofengemüse, Tofu, Koriander und der Mayonnaise genießen.

ABENDBOWLS

Adzuki Bowl

MIT KICHERERBSEN

DU BRAUCHST

70 g Vollkornreis

50 g Adzukibohnen

1–2 Karotten

1 Handvoll Cocktailtomaten

¼ Avocado

Kichererbsen:

½ TL Kokosfett

50 g Kichererbsen, gekocht

1 EL Balsamicoessig

1 TL Ahornsirup

⅛ TL Curry

½ TL Soja-Soße

Toppings:

Sprossen, Petersilie, schwarzer Sesam

Soße:

Caesar-Dressing (Seite 44)

SO GEHT'S

1. Adzukibohnen und Reis nach Packungsbeilage zubereiten.

Kichererbsen:

2. Kokosfett in einer Pfanne erhitzen. Kichererbsen dazugeben und kurz, etwa 3 Minuten, anbraten. Die restlichen Zutaten hinzufügen und weitere 2–4 Minuten glasieren.

Bowl:

3. Karotten und Tomaten waschen, Avocado schälen. Karotten mit einem Sparschäler spänen, Tomaten und Avocado in Scheiben schneiden.

4. Alle Zutaten in einer Schüssel anrichten und mit den Toppings und dem Caesar-Dressing servieren.

* TIPP:
Boost it: Streue ein paar geschälte Hanfsamen auf deine Bowl für einen extra Protein-Kick.

ABENDBOWLS

DU BRAUCHST

3 Handvoll Spinat

Reis:

50 g Reis

½ TL Kurkuma

1 cm dickes Stück frischer Ingwer, gerieben

2 ganze grüne Kardamomkapseln

Ofengemüse:

¼ kleiner Hokkaidokürbis

¼ Aubergine

2–3 EL Soja-Soße

1 EL Ahornsirup

1 EL Reisessig

⅛ TL Sumach

1 Prise Zimt

Bohnen:

60 g weiße Riesenbohnen

2 EL Kokosnussmilch

⅛ TL Harissapaste

Salz und Zitronensaft zum Abschmecken

Optional: 1 Knoblauchzehe

Toppings:

Frischer Chili und Koriander

SO GEHT'S

Reis:

1. Reis nach Packungsbeilage mit Kurkuma, Ingwer und Kardamomkapseln kochen. Kardamomkapseln nach dem Kochen herausfischen.

Ofengemüse:

2. Backofen auf 200 Grad Umluft vorheizen. Ein Backblech mit Backpapier belegen.
3. Die Soße für den Kürbis und die Aubergine anmischen. Kürbis und Aubergine mit einer Gemüsebürste gut putzen. Kürbiskerne entfernen und mit einem Messer würfeln, Aubergine der Länge nach in Scheiben schneiden.
4. Gemüse auf dem Backblech ausbreiten und die Soße darüber verteilen.
5. In den Ofen schieben und 15–20 Minuten goldbraun rösten. Zwischendurch das Gemüse wenden. Die fertigen Auberginen aufrollen, das hält sie saftig.

Bohnen:

6. Die Bohnen nach Packungsbeilage oder Grundrezept (Seite 34) zubereiten.
7. In einer Pfanne die Kokosnussmilch erwärmen, Harissapaste dazugeben und gut verrühren. Optional eine Knoblauchzehe klein schneiden und dazugeben.
8. Die Bohnen in der Harissamischung kurz sautieren. Mit Zitronensaft und Salz abschmecken.

Bowl:

9. Spinat mit heißem Wasser überbrühen und abtropfen lassen.
10. Reis, Ofengemüse, Bohnen und Spinat in einer Schale anrichten. Mit Chili und Koriander verfeinern.

Indian Bowl

Bei einem Buddha-Bowl-Buch dürfen eine indische Bowl und eine buddhistische Weisheit natürlich nicht fehlen:

"Health is the greatest gift, contentment the greatest wealth, faithfulness the best relationship."

„Gesundheit ist das größte Geschenk, Zufriedenheit der größte Wohlstand, Treue die beste Beziehung."

Buddha

ABENDBOWLS

KÜCHENTIPP:
Der Stiel des Brokkoli schmeckt übrigens wie Kohlrabi und kann entweder roh gegessen oder gekocht werden.

…
Ur-Bowl mit Maronen

Hier haben wir eine typische „ich hab' zu viel Zeit und koch' 30 g Quinoa, 40 g Grünkern und ½ Süßkartoffel"-Bowl. Kohlenhydrate also gern durch andere buddhataugliche Leftover ersetzen oder eine Mehrportionen-Bowl daraus machen.

DU BRAUCHST

- 30 g rote Quinoa
- 40 g Grünkern
- ½ kleine Süßkartoffel
- 2 Handvoll Rosenkohl
- 1 Handvoll Brokkoliröschen
- Salz und Pfeffer zum Abschmecken

Maronen und Walnüsse:
- 6 Esskastanien, vakuumverpackt
- ½ Handvoll Walnusskerne
- 1 EL Balsamico- oder Himbeeressig
- ¾ EL Ahornsirup
- ½ TL Kokosfett
- ½ TL Anis

Toppings:
- Granatapfelkerne, Koriander

Soße:
- Optional: Mayonnaise

SO GEHT'S

1. Quinoa und Grünkern nach Packungsbeilage oder Grundrezept (Seite 32) kochen.
2. Süßkartoffel schälen und anschließend etwa 20 Minuten gar kochen. Mit der Gabel testen, ob sie durch ist, ggf. Kochzeit zugeben. Anschließend auf dem Herd warm halten und vor dem Servieren in Würfel schneiden.
3. Rosenkohl und Brokkoli gut putzen. Rosenkohl in einem Topf mit Wasser bedecken und mit etwas Salz etwa 10–15 Minuten bissfest garen. Brokkoli ebenfalls in Salzwasser kochen oder besser noch in einem Bambusdämpfer 5–7 Minuten dämpfen.

Maronen und Walnüsse:

4. In einer Pfanne Kokosfett erhitzen, Maronen, Walnüsse und restliche Zutaten dazugeben. Etwa 10 Minuten in der Mischung glasieren.

Bowl:

5. Gewürfelte Süßkartoffel, Quinoa, Grünkern, Maronen, Walnüsse und Gemüse in eine Schale geben. Mit Koriander und Granatapfelkernen bestreuen und mit Salz und Pfeffer abschmecken. Eventuell mit der Mayonnaise servieren.

WENN DAS UNGLÜCK GLÜCK BRINGT:

Den Grünkern verdanken wir ursprünglich einem Unglück – einer Hungersnot, die dazu führte, dass zum ersten Mal Felder, die mit Dinkel bestellt waren, vorzeitig geerntet wurden. Grünkern ist sozusagen halbreifer Dinkel. Nach der Ernte wird er geröstet, wodurch sich die Körner aufschließen und für uns besonders bekömmlich werden. Betonen möchte ich seinen guten Einfluss auf Haut, Haare und Nägel!

Murasaki Bowl

MIT SÜSSKARTOFFELN

DU BRAUCHST

3 kleine Murasaki-Süßkartoffeln

1 Zucchini

1 Karotte

5–6 braune Champignons

2 kleine blaue Kartoffeln

Salz und Pfeffer zum Abschmecken

Toppings:

Rote Sprossen, Petersilie

Optional: frischer Zitronensaft

Soße:

Hummus (Seite 46)

SO GEHT'S

1. Backofen auf 180 Grad Umluft vorheizen. Ein Backblech mit Backpapier belegen.
2. Süßkartoffeln gut waschen und der Länge nach in Kartoffelspalten schneiden.
3. Zucchini waschen, Karotte schälen und Pilze schrubben. Pilze vierteln, Karotte spiralisieren und Zucchini der Länge nach in dünne Streifen schneiden.
4. In einer Schüssel die Zutaten für das Dressing nach dem Grundrezept für Ofen-Geröstetes (Seite 38) zubereiten.
5. Die Kartoffeln – mit oder ohne Schale – auf einem separaten, ebenfalls mit Backpapier belegten Blech etwa 30–40 Minuten goldbraun rösten.
6. Nach etwa 15 Minuten Pilze und Zucchini zu den Kartoffeln in den Ofen schieben und ebenfalls rösten. Je nach Schnittdicke dauert dies etwa 15 Minuten.
7. Blaue Kartoffeln etwa 30 Minuten in Salzwasser gar kochen. Mit der Gabel testen, ob sie durch sind, ggf. Kochzeit zugeben. Anschließend schälen und würfeln.
8. Fertiges Gemüse mit fertigen Kartoffelspalten, blauen Kartoffeln und Toppings servieren. Eventuell etwas Zitrone darüberträufeln, mit Salz und Pfeffer abschmecken und die Kartoffeln in Hummus dippen.

ABENDBOWLS

DIE ROTSCHALIGE SÜSSKARTOFFEL:

Murasaki-Süßkartoffeln sind eine exotische Alternative zu den herkömmlichen Süßkartoffeln. Die auffallend lila Haut umhüllt cremeweißes Fleisch mit Kastaniengeschmack und leicht fluffiger Konsistenz. Die Knolle enthält tiefere Zuckergehalte und kein Beta-Carotin.

FAST-GOOD-REISETIPP:

So in der Art, mit mehr Rohkost-Gemüsenudeln und rohen Champignons, sahen meine kalifornischen Reisebowls aus. Auch wenn ich kein Fan von Mikrowellen bin und diese nicht promoten möchte, sind sie beim Reisen superpraktisch und bieten eine halbwegs gesunde Fast-Food-Alternative. In Kalifornien sind sie fast in jedem Motel zu finden und somit der Reiseküchenersatz. In wenigen Minuten bereiten sie unsere Süßkartoffeln zu. Dazu die gewaschenen Kartoffeln einfach 4–5 Minuten als Ganzes in der Mikrowelle erhitzen. Die Kartoffeln müssen nicht eingestochen werden. Die Schale lässt sich nachträglich supereinfach abziehen.

ABENDBOWLS

Cremige Kichererbsen-Bowl

MIT KÜRBIS

DU BRAUCHST

50 g Hirse

2 Scheiben Mairübe

⅛ Avocado

⅛ Gurke

Veggie-Wings (Seite 100)

Zitronensaft zum Abschmecken

Kürbis-Kichererbsen-Creme:

2 Handvoll (ca. 170 g) Butternusskürbis, geschält

1 Knoblauchzehe

Ca. 350 ml Gemüsebrühe

½ TL Curry

1 Msp. Kokosblütenzucker

½ TL Balsamicoessig

50 g Kichererbsen, gekocht

Toppings:

Koriander, Sprossen, Schwarzkümmel, Cashewnüsse, Chiliflocken

Soße:

Optional: Erdnuss-Zitronen-Dressing (Seite 52)

SO GEHT'S

1. Hirse nach Packungsbeilage kochen.

Kürbis-Kichererbsen-Creme:

2. Kürbis schälen, entkernen und in kleine Würfel schneiden. Knoblauch schälen und klein schneiden.
3. In einer Pfanne die Gemüsebrühe und den Knoblauch erhitzen, Kürbis, Curry, Kokosblütenzucker und Balsamicoessig dazugeben.
4. Auf mittlerer Temperatur ohne Deckel etwa 30 Minuten garen, bis der Kürbis cremig wird. Schneller geht es, wenn man immer wieder mit einem Holzlöffel die gröberen Stücke zerdrückt. Sobald die Gemüsebrühe verdunstet, ein wenig Wasser nachgießen, sodass der Kürbis nicht am Pfannenboden anhängt.
5. Kichererbsen in die Kürbiscreme geben und weitere 5 Minuten garen.

Bowl:

6. Die Mairübe waschen, Avocado schälen und beides in Streifen schneiden. Die gewaschene Gurke fein würfeln und mit den Veggie-Wings und den restlichen Zutaten in einer Schale anrichten.
7. Mit Koriander, Sprossen, Schwarzkümmel, Cashews, Chili, Zitronensaft und gegebenenfalls dem Dressing servieren.

 **TIPP:** Die Gemüsebrühe nicht zu salzig anrühren, da das Wasser verdunstet und die Creme konzentriert wird.

GUT ZU WISSEN:

- Butternusskürbis mit Stiel fühlt sich bei kälteren Temperaturen mehrere Monate wohl. Gekochter Kürbis hält es auch 3–4 Tage in der Gefrierzelle aus.

- Mit einem Herz wie Butter und einem Kern wie eine Nuss müssen wir uns etwas Zeit nehmen, seine harte Schale zu knacken. Gelingt uns dies, können wir sie auch dran lassen und mitgaren.

- Mit der hellorangen Farbe symbolisiert uns der Kürbis seinen hohen Beta-Carotin-Gehalt, der unseren Haaren, unserer Haut und unserer Sehkraft sehr gut gefällt.

- Der Butternusskürbis entfaltet seinen mild-lieblichen Geschmack auch in Süßspeisen wie Brownies.

- Komplett gegenläufig zu seinem Namen ist der Butternusskürbis mit 0,1 g Fett auf 100 g ein sehr schlankes Gemüse.

HEALTH FACT:
Rote Bete sieht von außen recht unspektakulär aus und wird deswegen leicht übersehen. Im Winter ist sie jedoch auf dem Markt oder im Supermarkt leicht zu erhalten. Mit ihrem milden Rettichgeschmack macht sie sich gut im Salat und auf Brot.

Quinoa-Fenchel-Bowl

ABENDBOWLS

DU BRAUCHST

50–70 g Quinoa

1 kleine Handvoll Walnusskerne

½ Handvoll Radicchiosalat

¼ Birne

¼ Avocado

Ofengemüse:

½ Fenchel

1 rote Zwiebel

1 EL Tamari-Soße

½ EL Ahornsirup

1 EL Zitronensaft

Grünkohl:

1 Handvoll Grünkohl

Etwas Zitronensaft

Salz, Pfeffer und Muskat

zum Abschmecken

Toppings:

Schwarzer Sesam,

rohe Tonda di Chioggia (Rote Bete)

Soße:

Hummus mit etwas gekochter Roter Bete

(Seite 49)

SO GEHT'S

1. Ofen auf 180 Grad Umluft vorheizen. Ein Backblech mit Backpapier belegen.
2. Quinoa nach Packungsbeilage oder Grundrezept vorbereiten.

Ofengemüse:

3. Fenchel waschen und vom Fenchelgras befreien.
4. Den Fenchel der Länge nach in etwa 1 cm dicke Scheiben schneiden. Zwiebel schälen und vierteln. Das Gemüse flach nebeneinander auf das Backblech legen.
5. In einem kleinen Schälchen Tamari-Soße, Ahornsirup und Zitronensaft verrühren und auf das Ofengemüse pinseln.
6. In den Ofen geben und etwa 30 Minuten rösten. Weil die Zwiebel in der Regel schneller gar wird als der Fenchel, ab und zu kontrollieren.
7. 5–8 Minuten bevor das Gemüse fertig ist, die Walnüsse im Ofen rösten. Dazu alle Walnüsse auf einem Backpapier flach nebeneinander legen, um zu vermeiden, dass sie anbrennen.

Grünkohl:

8. Grünkohl waschen, von den groben Stielen entfernen und fein hacken. In einen Bambusgarer oder in den Siebeinsatz eines Dampftopfs geben und etwa 20 Minuten dämpfen.
9. Den garen Grünkohl mit Zitronensaft vermischen und mit Salz, frisch gemahlenem Pfeffer und Muskat abschmecken.

Bowl:

10. Radicchiosalat und Birne waschen, Avocado schälen. Salat und Früchte schneiden und alle Zutaten in einer Schüssel anrichten.
11. Mit Toppings und Hummus servieren und eventuell mit Zitrone, Salz und Pfeffer abschmecken.

* TIPP: Das Fenchelgras hebe ich auf und dekoriere damit die Bowl, bevor ich sie serviere.

ABENDBOWLS

Hasselback Bowl

DU BRAUCHST

4 Kartoffeln

30 g Edamame, TK

1 Zucchini

1 kleine Handvoll Romanesco-Röschen

¼ Avocado

2 EL Mais

Toppings:

Kiwi, Kresse, Heidelbeeren

Soße:

Hummus mit Roter Bete (Seite 49),

Tzaziki, Zucchini-Ranch-Dressing

(Seite 54)

SO GEHT'S

1. Ofen vorheizen. Ein Backblech mit Backpapier belegen.
2. Kartoffeln gründlich putzen und trocknen. Nach und nach jede einzelne Kartoffel zwischen zwei Stäbchen legen und der Breite nach möglichst dünn einschneiden (Seite 118). Die Stäbchen helfen dabei, die Kartoffel nicht durchzuschneiden. Auf das Backblech geben und nach dem Grundrezept für Ofen-Geröstetes (Seite 38) etwa 45–50 Minuten goldbraun backen.
3. In der Zwischenzeit die gefrorenen Edamame 4–5 Minuten in Salzwasser kochen, anschließend abgießen.
4. Zucchini waschen und durch einen Spiralschneider drehen.
5. Romanesco-Röschen ebenfalls waschen und 15–20 Minuten mit den Kartoffeln rösten.
6. Kiwi und Heidelbeeren gut waschen, Avocado schälen und in Scheiben schneiden.

Bowl:
7. Fertiges Gemüse mit Zucchini-Nudeln, Mais, Kiwi, Kresse, Heidelbeeren und den Lieblingsdressings servieren.

WISSENSWERT:

In der Schale einer Kiwi stecken besonders viele Ballaststoffe und Vitamin C, über die sich unser Körper viel mehr freut als der Abfall. In der Regel gewöhnt man sich recht schnell an die Schale. Jedoch ist wichtig, dass wir nur die Schale von Bio-Kiwis essen und diese zuvor heiß abwaschen. Wer sich nicht gleich an die haarige Schale rantraut, kann sich zunächst einmal sachte mit der goldenen Kiwi und ihrer glatten Haut anfreunden. Im Kiwiland Neuseeland isst man die Schale einer Kiwi schon immer mit.

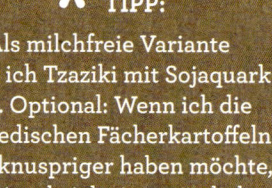

* TIPP:
Als milchfreie Variante stelle ich Tzaziki mit Sojaquark her. Optional: Wenn ich die schwedischen Fächerkartoffeln noch knuspriger haben möchte, bepinsele ich sie zusätzlich mit etwas Kokosfett.

Fitness Bowl

MIT MUNGOBOHNEN

DU BRAUCHST

½ Süßkartoffel

½ kleiner Blumenkohl

1 kleine Handvoll Feldsalat

1 kleine Handvoll Chinakohl

¼ Birne

1 kleine Handvoll Rotkohl

50 g Mungobohnen

50 g weiße Bohnen (Cannellini), gekocht

Toppings:

Cranberries, Schwarzkümmel, süßer Balsamicoessig

Soße:

Caesar-Dressing (Seite 44), gemixt mit 1 Tomate

SO GEHT'S

1. Backofen auf 180 Grad Umluft vorheizen. Ein Backblech mit Backpapier belegen.
2. Mungobohnen nach Packungsbeilage zubereiten.
3. Süßkartoffeln mit einer Gemüsebürste gut schrubben, Blumenkohl waschen. Süßkartoffeln halbieren und in dünne Scheiben schneiden.
4. Kartoffelscheiben und Blumenkohl nach dem Grundrezept für Ofen-Geröstetes (Seite 38) zubereiten. Je nachdem, wie knusprig man ihn wünscht, braucht der Blumenkohl zwischen 30 und 45 Minuten. Die Süßkartoffeln sind etwas schneller fertig.
5. In der Zwischenzeit Feldsalat, Chinakohl, Birne und Rotkohl waschen. Feldsalat putzen, Chinakohl, Birne und Rotkohl in feine Streifen schneiden.

Bowl:

6. Fertiges Ofengemüse, Salat und Bohnen auf einem tiefen Teller anrichten. Mit Schwarzkümmel und Cranberries bestreuen, Caesar-Dressing darübergießen und mit süßem Balsamicoessig abschmecken.

HEALTH FACT:

Die Fitness Bowl ist dank der Mungobohnen besonders eiweißreich und super für nach dem Sport. Für den extra Eiweißschub nehme ich gern noch mehr Mungobohnen. Die Mungobohne kennt man hauptsächlich gekeimt, oft wird sie als Topping verwendet. Das ist klasse. Wenn wir sie aber kochen, essen wir in der Regel mehr von ihr.

Veg-Poke Bowl
MIT MANGO

DU BRAUCHST

60 g roter Reis

1 Handvoll Zuckerschoten

¼ Gurke

½ kleine Mango

1 Handvoll Rotkohl

Tofu:

80 g fester Bio-Tofu

1 EL Zitronensaft oder Reisessig

1 EL Tamari-Soße

½ EL Ahornsirup

½ TL Ras el-Hanout

½ TL Knoblauchpulver

½ TL Schwarzkümmel

Toppings:

Koriander, Chili, Erdnüsse, Edamame und/oder Erbsen

Soße:

Erdnuss-Zitronen-Dressing (Seite 52)

SO GEHT'S

1. Reis nach Packungsbeilage kochen.

Tofu:

2. In der Zwischenzeit alle Zutaten für die Marinade vermischen. Tofu waschen, in kleine Würfel schneiden und mindestens 15 Minuten, besser 2 Stunden in der Marinade einweichen.
3. Tofu in einer Pfanne von beiden Seiten jeweils etwa 5 Minuten goldbraun anbraten.
4. Die Zuckerschoten waschen und 10–12 Minuten im Wasserdampf garen oder etwa 3 Minuten ins kochende Salzwasser geben.
5. Gurke waschen. Mit einem Spiralschneider zu Gurken-Nudeln drehen oder mit einem Sparschäler die Gurke spänen. Mango schälen und würfeln. Rotkohl in Scheiben schneiden.

Bowl:

6. Alle Zutaten in der Bowl anrichten, mit Koriander, Chili, Erdnüssen und Edamame bzw. Erbsen toppen und mit dem Erdnuss-Zitronen-Dressing genießen.

TIPP: Je kleiner die Tofu-Würfel, desto intensiver kommt die Marinade zur Geltung und desto weniger der Eigengeschmack des Tofu.

DER POKE-TREND:

Die Poke-Bowl ist ursprünglich auf Hawaii geboren und dort seit Jahrzehnten ein traditionelles Gericht. Mittlerweile ist das Poke-Leben über das Meer geschwappt und auch in Kalifornien oder New York ein Must-Have. Ebenso in Berlin finden wir nun die ersten Streetfood-Trucks mit den hawaiianischen Bowls. Meist werden die Bowls mit rohem Fisch angeboten und beinhalten neben Reis oder Quinoa frisches Gemüse. Sie ähneln einer selbst gemachten Chipotle-Burrito-Bowl mit Sushi-Touch. Mit ihrer Nährstoffkombination fallen sie unter die Kategorie der Buddha Bowls.

ROTER REIS:

Roter Reis stammt ursprünglich aus Indien und ist eine Kreuzung von wildem und Kulturreis. Seinen roten Glanz erhält er durch tonhaltige Böden. Die Tonpigmente lagern sich allein in seiner Schale ab, der Kern bleibt somit weiß. Roten Reis gibt es nur als unpolierten Vollkornreis – damit begrüßen wir herzlich alle wertvollen Inhaltsstoffe!

ABENDBOWLS

Hirse-Bowl
MIT VEGGIE-WINGS

DU BRAUCHST

50–60 g Hirse

40–50 g halbe Erbsen

1 Handvoll Feldsalat

Veggie-Wings (Seite 100)

Toppings:

Granatapfelkerne, Pekannüsse, Kresse und

optional Tonda di Chioggia (Rote Bete)

Soße:

Hummus mit Roter Bete (Seite 49),

Erdnuss-Zitronen-Dressing (Seite 52)

SO GEHT'S

1. Hirse und Erbsen nach Packungsbeilage in Salzwasser kochen.
2. Salat waschen und in einer Bowl platzieren.
3. Hirse, Erbsen und Veggie-Wings in die Bowl geben. Mit Granatapfelkernen und ein paar Pekannüssen toppen.
4. Vorzüglich zu dieser Bowl schmecken Hummus mit Roter Bete und Erdnuss-Zitronen-Dressing.

DESSERTBOWLS

1. *Schokopudding mit Süßkartoffel*
2. *Pink Thai Pudding mit Kokos*
3. *Spicy Quinoa Bowl*
4. *Snicker Nicecream mit Bananen*
5. *Maronencreme mit Esskastanien*
6. *Sweet Hirse-Bowl mit Tofu*
7. *Kurkuma-Latte-Polenta*

....

Jeder steht auf Desserts, vor allem wenn sie richtig lecker und gesund sind. Beim DVD-Abend, sonntags oder einfach wenn ich mich danach fühle, gesellt sich immer eine Dessert-Bowl zu mir. In der Regel achte ich darauf, dass ich abends kein Obst mehr esse, da dieses eine Party in meinem Magen veranstaltet. Verspeise ich die Bowls also abends, greife ich zu den Desserts und Toppings ohne Frucht und hebe alles Obstige für den nächsten Mittag auf. Denn um diese Zeit ist der Magen unempfindlich und kann sich jegliche Zutat gönnen.

DESSERTBOWLS

Schokopudding
MIT SÜSSKARTOFFEL

DU BRAUCHST

½ Süßkartoffel

1 EL Chia-Samen

3–4 Datteln, entkernt

1 Prise Salz

2 EL Kakao, stark entölt

3–5 EL (Mandel-)Milch

Optional: ½ EL Erdnussmus

Toppings:

Banane, Kiwi, Kokosflocken, Granatapfel

SO GEHT'S

1. Süßkartoffel 20–30 Minuten in Wasser sehr weich kochen. Abkühlen lassen und schälen.
2. Süßkartoffel und Datteln in grobe Stücke schneiden.
3. Zusammen mit den restlichen Zutaten in einen Mixer geben. Bei Bedarf mehr (Mandel-)Milch hinzufügen. Zu einem cremigen Pudding mixen.
4. Mit den Toppings oder einfach so genießen.

MULTIFUNKTIONSPUDDING:

Von meiner Süßkartoffelleidenschaft sprachen wir ja bereits. Falls sie bei euch noch verborgen ist, solltet ihr alle Varianten mal testen: Süßkartoffelpudding warm, kalt, gefroren, gebacken. Hab' ich was vergessen?
Den kalten Süßkartoffelpudding findet ihr links, ihr könnt ihn dann noch kochen, dann wird er warm. Wenn ihr ihn einfriert und anschließend mit einer halben Banane mixt, wird er zu Eis. Falls ihr in den Pudding dann noch eine kleine Menge Mehl gebt und ihn backt, habt ihr fettfreie Brownies. Wenn ihr danach eure Süßkartoffelleidenschaft nicht geweckt habt, hab' ich es zumindest versucht.

KÜCHENTIPP:
Wer keinen guten Mixer hat und keine groben Dattelstücke in seinem Pudding mag, kann sie durch Ahornsirup oder ein anderes flüssiges Süßungsmittel ersetzen.

DESSERTBOWLS

Pink Thai Pudding
MIT KOKOS

DU BRAUCHST

50 g Klebreis

50 ml Kokosnussmilch

½ Stück Palmzucker

1 Prise Salz

1 kleine Handvoll TK-Himbeeren

Toppings:

Mango, Himbeeren, Kokosnussflocken, Minze

SO GEHT'S

1. Den Reis über Nacht einweichen, anschließend übriges Wasser wegleeren.
2. Den Reis in einem Bambusdämpfer oder einem Dampfeinsatz ca. 20 Minuten über kochendem Wasser dämpfen.
3. In einem Topf bei mittlerer Hitze Kokosnussmilch mit Zucker und Salz erwärmen, auf keinen Fall kochen!
4. Wenn sich der Zucker mit der Kokosnussmilch verbindet, Himbeeren dazugeben. Ist es nun rosa? Wundervoll, dann den Reis unterrühren.
5. Sobald die Konsistenz milchreisartig ist, mit den Lieblingstoppings genießen.

KÜCHENTIPP:
Der Pink Thai Pudding kann genauso gut weiß bleiben, so aber schafft er es einfacher in die Herzen der Mädchen. Sticky-Reis ist eine Menge Arbeit. Es lohnt sich immer, eine große Portion zu machen und einen Teil davon für Curry oder andere Thai-Gerichte zu verwenden.

DESSERTBOWLS

145

DESSERTBOWLS

TIPP:
Die Chai-Gewürzmischung ist auch schnell selbstgemacht:
1 Msp. Zimt, 1 Prise Nelke, 1 Prise Piment

Spice-Quinoa Bowl
MIT SHARONFRUCHT

DU BRAUCHST

50 g weiße Quinoa

2 Kardamomkapseln

2 TL Kokosblütenzucker

Kaki-Creme:

¾ Sharonfrucht + ¼ als Topping

2 EL Kokosnussmilch

½ TL Chai-Gewürzmischung

Topping:

Kiwi, Physalis, gesalzene Erdnüsse

Spread

Süßes Kokosmus-Dressing (Seite 50)

SO GEHT'S

1. Quinoa nach Packungsbeilage oder Grundrezept (Seite 32) zubereiten. Beim Kochen Kardamomkapseln und Kokosblütenzucker hinzugeben. Sobald die Quinoa fertig ist, kann der Kardamom herausgefischt werden.

Kaki-Creme:
2. In der Zwischenzeit die Sharoncreme vorbereiten. Sharonfrucht waschen, achteln und zwei Achtel für das Topping beiseite stellen. Die übrigen Spalten mit den anderen Zutaten pürieren. Die Hälfte der Creme mit der Quinoa vermischen.

Bowl:
3. Die Quinoa in eine Schale oder einen Teller geben. Mit der restlichen Soße, Kokos-Spread und den Toppings servieren.

KAKI, DIE ÜBERFRUCHT!

Sharon und Persimone können aber auch was.

Kennt ihr das Gefühl, wenn ihr in eine Kaki beißt, alles sich im Mund zusammenzieht und ihr glaubt, euch ist ein Pelz gewachsen? Nein? Prima, dann gehört ihr zu den Glücklichen und habt noch nie in eine unreife Kaki gebissen. Ich schon, quasi ständig in Kalifornien, bis ich anfing, Kakis zu meiden. Das macht aber auch nicht glücklich. Kakis waren eigentlich immer meine Lieblingsfrucht. Dachte ich zumindest.
Die Kaki hat sich dann als Sharon und Persimone entpuppt, wie ich in Kalifornien gelernt habe.

Die Aufklärung:

Meine Lieblingsfrucht, die Kaki, ist eigentlich die Sharon und Persimone, eine Veredelung der Kaki. Man kann alle beide unreif und wie einen Apfel mit Schale essen. Bei der Kaki lässt man das lieber. Außer man mag den Pelz. Die Kaki hat eine lederartige Haut. Damit sie schmeckt, muss sie reif sein, quasi überweich mit einer glasigen Haut. Man löffelt sie dann wie eine Kiwi. Am Ende sind die drei jedoch allesamt Kakis, nur ist die Kaki die Überfrucht, und das im doppelten Sinne.

Snicker Nicecream

MIT BANANEN

Schokoladig, etwas Crunch und ein cremiger Erdnuss-Vanille-Geschmack. Wenn nichts mehr geht, geht Snicker Nicecream, bei mir zumindest.

DU BRAUCHST

3 Bananen, gefroren und geschnitten

1 große Prise Meersalz

1 Msp. Vanille

2 EL PB2, alternativ 1 EL Erdnussmus

1 EL Rohkakao oder Kakaopulver, stark entölt

Toppings:

Banane, Kakao-Nibs, gesalzene Erdnüsse

SO GEHT'S

1. In einem Hochleistungsmixer geschnittene Bananen mit Meersalz und Vanille pürieren. Die Konsistenz sollte cremig werden.
2. Die Hälfte der Eismasse aus dem Mixer nehmen, in eine Schüssel geben und mit 1 EL PB2 vermischen.
3. Die andere Hälfte im Mixer mit dem Kakao vermixen.
4. Beide Eiscremes in einem Schälchen anrichten.
5. Mit dem restlichen Erdnussmus und den Toppings genießen.

KÜCHENTIPP:
Wenn dem Mixer die Power fehlt, kannst du auch die doppelte Menge an Zutaten nehmen und mit ein klein wenig Mandelmilch pürieren. Der Grund: Ist mehr in dem Mixer, püriert es sich einfacher. Wenn du es schaffst, frierst du die eine Hälfte der Portion ein oder teilst sie mit deinem Date.

DESSERTBOWLS

✱ TIPP: Wer keinen Hochleistungsmixer besitzt, kann die Bananen etwas antauen lassen oder 3–4 EL Pflanzenmilch dazumischen.

DESSERTBOWLS

Maronencreme

MIT ESSKASTANIEN

DU BRAUCHST

6 Esskastanien, gekocht

½ TL Vanille

½ Banane

4 EL Kokosnussmilch

1 EL Ahornsirup

Toppings:

Mango, Trauben, Birne, Kiwi

und Kakao-Nibs

SO GEHT'S

1. Alle Zutaten in einem Standmixer oder mit einem guten Zauberstab cremig pürieren.
2. Du kannst die Creme direkt genießen oder zuvor nochmal einfrieren.

Letzten Winter fand ich da dieses kleine Gläschen auf dem Küchentisch meiner Eltern. Es stand da, einfach so. Nicht lange, aber es stand da. Mama 5 Minuten später: „Stand da nicht Maronencreme auf dem Tisch?" Ich: „Ah was?"
Seitdem steht sie bei mir als Vorrat in der Tiefkühltruhe, eingefroren in kleine Gläschen. Sie wartet dort bis zu einem guten halben Jahr auf unangekündigten Besuch. Dann sollte er aber auch da gewesen sein. Danke Mami für diese Kreation!

DESSERTBOWLS

Sweet Hirse-Bowl

MIT TOFU

DU BRAUCHST

40 g Hirse

1 große Msp. Vanillepulver

80 g festen Bio-Tofu

2 EL Pflanzenmilch

Optional: ½ TL Kokosfett

1 EL Kokosblütenzucker

½ TL Zimt

Toppings:

Himbeeren, Heidelbeeren, Mango

Kichererbsenschaum:

100 ml Kichererbsenwasser

2-3 EL Ahornsirup

1 EL Zitronensaft

1 Msp. Vanillepulver

SO GEHT'S

1. Hirse nach Packungsbeilage mit der Vanille kochen.
2. In einer Pfanne die Pflanzenmilch erwärmen, optional das Kokosfett hinzugeben.
3. Tofu in dünne Scheiben schneiden und dazugeben.
4. Mit Kokosblütenzucker und Zimt auf mittlerer Hitze goldbraun glasieren. Je nach Schnittdicke braucht der Tofu 8-10 Minuten.

Kichererbsenschaum:

5. Parallel den Kichererbsenschaum zubereiten. Dazu das Aquafaba mit einem Stabmixer schaumig schlagen. Sobald es schaumig ist, Ahornsirup langsam und unter Rühren hinzugeben. Vanillepulver und Zitrone ebenfalls unterrühren.
6. 3/4 des Schaums unter den Hirsebrei heben. Den Rest in ein Schälchen abfüllen, das zur Bowl gereicht wird.

Bowl:

7. Hirse und Tofu in einer Schale anrichten und mit Früchten der Wahl sowie dem Kichererbsenschaum genießen.

Tofu süß? Und dann mit Hirse? Damit ist auch die süße Post-Sport-Bowl geboren. Klingt für manch einen komisch. Ist aber eine wundervolle Kombi und kann auch mal ein ganzes Abendessen nach dem Sport ersetzen. So kam das Rezept auch bei mir zustande: Total ausgehungert nach dem Sport, ich öffne den Kühlschrank und sehe süßen Hirsebrei und Tofu. Ich wollte unbedingt beides, da süß und Tofu und Eiweiß.

DESSERTBOWLS

HEALTH FACT:
Hirse enthält viel pflanzliches Eisen. Das ist klasse für unseren Körper nach einer anstrengenden Trainingseinheit. Das Eisen regeneriert uns und die Kohlenhydrate füllen die Muskelspeicher auf.

DESSERTBOWLS

WISSENSWERTES:
In Kalifornien gibt's ganze Kurkuma Detox Power Shots. Teilweise werden sie in Spritzen angeboten, die man sich in den Mund spritzt.

Kurkuma-Latte-Polenta

MIT KOKOSJOGHURT

DU BRAUCHST

1 cm dickes Stück frische Kurkuma, alternativ ½ TL Kurkumapulver

150 ml Wasser

100 ml Mandel- oder Kokosnussmilch

35 g Polenta (Maisgrieß)

1 Prise Vanille

1 Prise Zimt

2 EL Ahornsirup

Kochbanane:

⅛ TL Kokosbutter

¼ Kochbanane, schwarze Schale

1 EL Kokosblütenzucker

1 Prise Zimt

Toppings:

Was das Herz begehrt

SO GEHT'S

1. Die Kurkuma-Knolle gut waschen und in sehr feine Stücke schneiden.
2. In einem Topf Wasser mit Milch und Kurkuma zum Kochen bringen.
3. Sobald die Flüssigkeit kocht, Polenta unter Rühren dazugeben und aufkochen lassen. Vanille, Zimt und Süßungsmittel dazugeben. Die Hitze auf ein Minimum reduzieren und weitere 5 Minuten garen lassen. Gegebenenfalls noch etwas mehr Flüssigkeit dazugeben. Umrühren, damit am Topfboden nichts anhängt.

Kochbanane:
4. In einer Pfanne das Kokosfett zum Schmelzen bringen. Kochbanane schälen, in 1 cm dicke Stücke schneiden und in die Pfanne geben.
5. Kokosblütenzucker und Zimt darüberstreuen und etwa 5–8 Minuten auf jeder Seite goldbraun braten.

Bowl:
6. Banane mit Polenta und Toppings warm genießen.

Der Golden-Mylk-Trend ist allgegenwärtig. Bei mir auch in der Polenta. Und seitdem ich in Kalifornien die frische Kurkuma für mich entdeckt habe – es gibt sie dort wie bei uns die Erdbeeren in Packen zu kaufen –, mische ich die Knolle überall rein, wo's geht. Von ihren Vorteilen sprachen wir schon mal bei der Golden Colada (Seite 66).

KAUFTIPP:
Mittlerweile gibt es das Kurkuma-Latte-Gewürz auch vorgemischt zu kaufen.

ZUTATENREGISTER

Zutaten
REGISTER

A

ACAI-PULVER
Exotische Acai Bowl, 76

AMARANTH
Amaranth Tabouleh Bowl, 88
Ölfreies Amaranth-Granola, 37

ANANAS
Kokos Delight, 60
Ocean Bowl, 74

APFEL
Chai-Bowl, 72
Chlorophyll Bowl, 68
Zoats Bowl, 64

AVOCADO
Glow Bowl, 92
Hasselback Bowl, 132
New Root Bowl, 104
Obstige Sommer-Bowl, 96
Regenbogen Bliss Bowl, 108
Sushi Bowl, 144

AUBERGINE
Indian Bowl, 122
Quinoa Bowl, 98

B

BANANE

Kochbanane
California Bowl, 90
Kurkuma-Latte-Polenta, 154

Obstbanane
Snicker Nicecream, 148
Exotische Acai Bowl, 76
Golden Colada, 66
Kokos Delight, 60
Maronencreme, 150
Zoats Bowl, 64

BEEREN

Blaubeeren
Exotische Acai Bowl, 76

Erdbeeren
Obstige Sommer-Bowl, 96
Regenbogen Bliss Bowl, 108

Himbeeren
Pink Thai Pudding, 144

gemischte Beeren
Chia-Pudding, 70

BETE

Bunte Bete
New Root Bowl, 104
Quinoa-Fenchel-Bowl, 130
Regenbogen Bliss Bowl, 108

Rote Bete
Quinoa Bowl, 98

Rote-Bete-Blätter
Chlorophyll Bowl, 68

BOHNEN

Adzukibohnen
Adzuki Bowl, 121

Bohnen, weiß
Fitness Bowl, 134

Kidneybohnen
Mexican Bowl, 112
Obstige Sommer-Bowl, 96
Veggie Burrito Bowl, 102

Mungobohnen
Fitness Bowl, 134

Riesenbohnen, weiß
Indian Bowl, 122
Zucchini-Ranch-Dressing, 54

BUCHWEIZEN
Chai Bowl, 72

##

CHIA-SAMEN
Chia-Pudding, 70
Power Bowl, 62
Schokopudding, 142

E

EDAMAME
California Bowl, 90
Hasselback Bowl, 132
Asia Edamame Bowl, 84

ERBSEN
Amaranth Tabouleh Bowl, 88
Hirse-Bowl, 138
Makro-Mikro-Bowl, 116

ERDNÜSSE

Erdnüsse, ganze
Glasnudelsalat, 106
Snicker Nicecream, 148
Veg-Poke Bowl, 136
Spicy Quinoa Bowl, 146

Erdnussmus (Crunchy)
Erdnuss-Zitronen-Dressing, 52
Snicker Nicecream, 148
Spicy Veggie-Wings Bowl, 100
Schokopudding, 142

F

FENCHEL
Quinoa-Fenchel-Bowl, 130

FLOHSAMEN
Wohlfühl-Bowl, 78

G

GLASNUDELN
Glasnudelsalat, 106

GRÜNKERN
Ur-Bowl, 124

GURKE
Glasnudelsalat, 106
Spicy Veggie-Wings Bowl, 100

H

HAFERFLOCKEN
Chai Bowl, 72
Power Bowl, 62
Wohlfühl-Bowl, 78
Zoats Bowl, 64

HIRSE
Cremige Kichererbsen-Bowl, 128
Hirse-Bowl, 138
Sweet Hirse-Bowl, 152

K

KAKAO
Schokopudding, 142
Snicker Nicecream, 148

KAROTTE
Adzuki Bowl, 120

Glasnudelsalat, 106
Happy Bowl, 94
Murasaki Bowl, 126
Obstige Sommer-Bowl, 96
Quinoa Bowl, 98
Sushi Bowl, 114

KARTOFFELN

Ackerkartoffeln
BBQ Bowl, 118
Hasselback Bowl, 132
Makro-Mikro-Bowl, 116

Kartoffeln, lila
BBQ Bowl, 118
California Bowl, 90
Murasaki Bowl, 126

Murasaki-Süßkartoffeln
Murasaki Bowl, 126

Süßkartoffeln
Fitness Bowl, 134
Schokopudding, 142
Ur-Bowl, 124

KICHERERBSEN
Hummus, 46, 48
Adzuki Bowl, 120
BBQ Bowl, 118
Cremige Kichererbsen-Bowl, 128
Falafel Bliss Bowl, 86
Glow Bowl, 92
Happy Bowl, 94
New Root Bowl, 104

KOHL

Blumenkohl
Cremige Kichererbsen-Bowl, 128
Falafel Bliss Bowl, 86
Fitness Bowl, 134

ZUTATENREGISTER

Glow Bowl, 92
Hirse-Bowl, 138
Spicy Veggie-Wings Bowl, 100

Grünkohl
New Root Bowl, 104
Quinoa-Fenchel-Bowl, 130

Rosenkohl
Steckrüben-Bowl, 82
Glow Bowl, 92
Ur-Bowl, 124

Rotkohl
California Bowl, 90
Sushi Bowl, 114

KOKOS
Kokosflakes 37, 60, 64, 66, 70, 78, 84, 118
BBQ Bowl 118

KOKOSJOGHURT
Chai Bowl, 72
Chia-Pudding, 70
Kokos Delight, 60

KOKOSMUS
Süßes-Kokosmus-Dressing, 50

KOKOSNUSSMILCH
Chia-Pudding, 70
Golden-Colada, 66
Maronencreme, 150
Pink Thai Pudding, 144
Spicy Quinoa Bowl, 146

KÜRBIS
Butternusskürbis, 128
Cremige Kichererbsen-Bowl, 128

HOKKAIDO
Makro-Mikro-Bowl, 116
Indian Bowl, 122

KURKUMA
Golden Colada, 66
Kurkuma-Latte-Polenta, 154

MAIS

Mais, frischer
Happy Bowl, 94
Mexican Bowl, 112
Obstige Sommer-Bowl, 96
Veggie Burrito Bowl, 102

Polenta
Kurkuma-Latte-Polenta, 154
Regenbogen Bliss Bowl, 108

MANGO
Golden Colada, 66
Exotische Acai Bowl, 76
Kokos Delight, 60
Ocean Bowl, 76
Veg-Poke Bowl, 136

MANGOLD
Chlorophyll Bowl, 68

MARACUJA
Happy Bowl, 94

MARONEN
Maronencreme, 150
Ur-Bowl, 124

NORI BLATT
Sushi Bowl, 114

PAPRIKA
Mexican Bowl, 112
Veggie Burrito Bowl, 102

PFLANZENMILCH
Kurkuma-Latte-Polenta, 154
Sweet Hirse-Bowl, 152

PILZE

Champignons
Murasaki Bowl, 126

Morcheln
Asia Edamame Bowl, 84

Mu-Err-Pilze
Veggie Burrito Bowl, 102

ZUTATENREGISTER

QUINOA

Quinoa, weiß
Quinoa Bowl, 98
Makro-Mikro-Bowl, 116
Spicy Quinoa Bowl, 146
Steckrüben-Bowl, 82

Quinoa, rot
Quinoa-Fenchel-Bowl, 130
Ur-Bowl, 124

REIS

Klebreis
Pink Thai Pudding, 144

Reis, rot
Veg-Poke Bowl, 136

Reis, schwarz
Mexican Bowl, 112
Veggie Burrito Bowl, 102

Vollkornreis
Adzuki Bowl, 121
Sushi Bowl, 114

SANDDORN
Wohlfühl-Bowl, 78

SEIDENTOFU
Caesar-Dressing, 44
Fettarme Mayonnaise, 42

SHARONFRUCHT
Spicy Quinoa Bowl, 146

SPARGEL
Chlorophyll Bowl, 68

SPINAT
Chlorophyll Bowl, 68
Indian Bowl, 122

SPIRULINA
Ocean Bowl, 74

STECKRÜBE
Steckrüben-Bowl, 82

TAHINI-CREME
Hummus, 46, 48

TOFU
BBQ Bowl, 118
Glow Bowl, 92
Sweet Hirse-Bowl, 152
Veg-Poke Bowl, 136

TOMATE
Amaranth Tabouleh Bowl, 88
Mexican Bowl, 112
Spicy Veggie-Wings Bowl, 100
Veggie Burrito Bowl, 102

ZUCCHINI
California Bowl, 90
Happy Bowl, 94
Hasselback Bowl, 132
Murasaki Bowl, 126
Zoats Bowl, 64
Zucchini-Ranch-Dressing, 54

Impressum

© 2017 Callwey GmbH
Klenzestrasse 36, 80469 München
buch@callwey.de
Tel.: +49 89 8905080-0

11. Auflage 2024

www.callwey.de
www.facebook.com/callwey
www.instagram.com/callwey

Bibliografische Information der Deutschen Nationalbibliothek. Die Deutsche Nationalbibliothek verzeichnet diese Publikation in der Deutschen Nationalbibliografie; detaillierte bibliografische Daten sind im Internet über <http://dnb.d-nb.de> abrufbar.

Das Werk einschließlich aller seiner Teile ist urheberrechtlich geschützt. Jede Verwertung außerhalb der engen Grenzen des Urheberrechtsgesetzes ist ohne Zustimmung des Verlags unzulässig und strafbar. Das gilt insbesondere für Vervielfältigungen, Übersetzungen, Mikroverfilmungen und die Einspeicherung und Verarbeitung in elektronischen Systemen.

ISBN 978-3-7667-2266-9

Die Autorin
Die passionierte Sportlerin und Foodbloggerin Annelina Waller schrieb ihre Abschlussarbeit im Bereich Ernährungspsychologie und Food-Trends. Auf ihrem Blog foodwithoutregrets.com veröffentlicht und fotografiert sie regelmäßig Beiträge über die Themen Ernährung & Sport und kreiert zahlreiche Rezepte zur veganen Highcarb Lowfat- und Clean-Eating-Ernährung. Die Autorin lebt in Karlsruhe.

Die Fotografin
Anastasia Franik ist gebürtige Stuttgarterin und liebt es zu kochen, zu backen und zu essen. Sie ist Food-Fotografin aus Leidenschaft und veröffentlicht regelmäßig neue Rezepte auf ihrem Foodblog siasoulfood.blogspot.de.

Fotocredits
istock/Barain: S.4; Stocksy/Ina Peters, S.25; Stocksy/Noemi Hauser: S.27; Stocksy/Tatjana Ristanic: S.27; Shutterstock/mama_mia: S. 40; Annelina Waller: Covermotiv, S. 97, S. 111, S. 119; Private Fotos der Autorin: S. 6, S. 9, S. 14, S. 21, S. 23, S. 28, S. 61, S. 65, S. 73, S. 74, S.83, S. 95, S. 139

Improvisation ist alles
Einer meiner Freunde, der brasilianische Chefkoch Rafael, hat in seiner provisorischen Küche in Kalifornien nur ein Küchengerät: einen Smoothie Maker. Das Besondere daran: Hier ersetzt eine Karotte den Stößel! Kommt er also beim Umrühren oder Nachdrücken mal zu nah ans Messer dran, leidet nur die Karotte. In der Nicecream (Seite 148) zum Beispiel schmecken die feinen Karottenstückchen klasse. Bei mir gibt's jetzt nur noch Karotten-Eiscreme!

Dieses Buch wurde in CALLWEY QUALITÄT für Sie hergestellt
Bei der Materialauswahl und den Möglichkeiten der Buch-Veredelung überlasst das Callwey-Team nichts dem Zufall. So berücksichtigen wir die Gestaltung und Bildsprache jedes einzelnen Titels individuell. Denn dieser ganz besondere Inhalt soll nicht einfach nur schön gedruckt werden, die Buchseiten müssen sich auch gut anfühlen. Beim Inhaltspapier dieses Buchs haben wir uns für ein Golden Sun matt art in 150 g/m² entschieden – ein matt gestrichenes Volumen-Bilderdruckpapier. Die gestrichene, matte Oberfläche gibt unseren Bildern den gewünschten Charakter und bringt die bekannte Callwey-Bildsprache optimal zur Geltung. Die Hardcover-Gestaltung spricht für sich, hier kommt das Buch ohne zusätzliche Veredelung aus.

Gedruckt und gebunden bei C&C in China.

Viel Freude mit diesem Buch
wünschen Ihnen:
Projektleitung: Raffaela Reif
Lektorat: Büro Anne Funck, München
Grafische Gestaltung: Katja Vogt,
www.katjavogt.de
Umschlaggestaltung: Olga Denk
Herstellung: Franziska Gassner,
Anja Huber